天津风物

票证中的

罗丹 / 著

票证中的天津风物

Tianjin Scenery in the Ticket

天津社会科学院出版社

图书在版编目（CIP）数据

票证中的天津风物 / 罗丹著. -- 天津 : 天津社会科学院出版社, 2020.5
ISBN 978-7-5563-0634-3

Ⅰ. ①票… Ⅱ. ①罗… Ⅲ. ①票证一天津 Ⅳ. ① G262.2

中国版本图书馆 CIP 数据核字(2020)第 002107 号

票证中的天津风物
PIAOZHENG ZHONG DE TIANJIN FENGWU

出版发行：天津社会科学院出版社
地　　址：天津市南开区迎水道 7 号
邮　　编：300191
电话/传真：（022）23360165（总编室）
（022）23075303（发行科）
网　　址：www.tass-tj.org.cn
印　　刷：北京盛通印刷股份有限公司

开　　本：787×1092　毫米　1/16
印　　张：11
字　　数：200 千字
版　　次：2020 年 5 月第 1 版　2020 年 5 月第 1 次印刷
定　　价：58.00 元

序

罗文华

近十年来，罗丹由一名大学生、研究生成为专业博物馆的青年研究人员，一直对票证收藏和天津历史文化研究保持着浓厚的兴趣，投入了大量的精力。即将由天津社会科学院出版社出版的《票证中的天津风物》一书，是对他多年来相关研究和写作的一个小结。

票证收藏，与钱币、邮票、烟标、火花、连环画收藏一样，是民间收藏的一个大项，拥有广泛的群众基础。罗丹自幼喜爱收藏，经常帮助我整理钱币、邮票等藏品。记得他在刚上小学的第一个寒假，将家里所存邮票挑选出数百枚，编辑成分门别类且互有关联的一大册邮集。后来由于专业、工作和兴趣所致，罗丹将票证作为自己的收藏专项，悉心搜集，努力钻研，颇有心得。大约十年前，罗丹针对票证爱好者长期以来一贯以粮票、油票、布票等传统计划类票证作为主要收藏对象的状况，提出了“非计划类票证”的概念。所谓“非计划类票证”，是指不在按照计划限量发行之列而随市场实际供需消费的车票、门券、电影票等票证。罗丹自己带头，大力搜集、研究和宣传非计划类票证。在众多藏友的响应和支持下，如今车票、门券、电影票等非计划类票证不仅能够与粮票、油票、布票等传统计划类票证平分秋色，而且由于它们具有可持续性发行的特点，已经成为民间收藏市场新的增长点，同时也得到学术界的普遍重视。

罗丹致力于非计划类票证收藏与研究，并且以天津本地票证为重点，使票证与天津历史文化有机地结合在一起。《票证中的天津风物》一书以他多年收藏的珍贵票证作为载体，力求生动地讲述有史以来特别是近百年来内容丰富、异彩纷呈的天津风物，涉及风景名胜、文博场馆、交通出行、日常生活等多方面内容，既反映了天津历史文化的深邃厚重，更体现出改革开放给天津人民生活带来的巨大变化。全书文图相辅，互证互诠，力求达到可读性与可视性的完美结合。书中所选设计精致、印刷精美的票证藏品，犹如推介天津历史文化景观的一张张精彩名片。

非计划类票证作为人民生活常见的纸品，具有无可替代的历史考证意义和艺术审美价值。在以往出版的票证类著述中，大多着眼于对票证本身的介绍，而对票证发行和使用的历史背景及相关知识用笔较少。《票证中的天津风物》一书通过票证与天津历史文化相结合的方式，彰显收藏文化和历史文化的双重魅力，令人耳目一新。通过收藏品，人们可以发现历史、还原历史，这是该书重要价值之所在。例如，于1949年1月17日创刊的《天津日报》，其社址的变化，文献资料和回忆类文章中最常提及鞍山道54号，但这之前的社址及其变更情况并不容易查到。罗丹依据自己收藏的《天津日报》早期订报单、广告票、通知单、信件等故纸，结合当时报纸本身的内容，证实《天津日报》最早社址在罗斯福路373号（《天津民国日报》旧址，今和平路与丹东路交口东南侧，建筑犹存）。不久，《天津日报》社址迁至多伦道272号，经理部则一度设在罗斯福路205号。由此，不仅指出了在鞍山道54号之前《天津日报》至少还存在过两处正式社址，而且通过相关内容的介绍，呈现出《天津日报》故纸之丰富。

通过对票证的系统研究，我们从中看到了天津城市发展的历程，这也是《票证中的天津风物》中比较突出的内容。近代以来，天津在公共交通方面一直走在全国的前列。交通类票证成为罗丹收藏的长项，也与天津公共交通在历史上的重要地位有关。罗丹对天津的有轨电车、无轨电车、公共汽车、地铁等城市公共交通的票证，皆有十分系统的收藏与研究。例如，天津是中国第二个建设地铁的城市，其历史可追溯至20世纪70年代。1970年4月7日，在“备战备荒”的时代背景下，天津决定自筹资金，以“天津市墙子河改造工程”名义立项，在墙子河河床的基础上修建柏油马路，在沿线地下修建地铁，又称“7047工程”。1976年，地铁先期建设3.6公里，开通了新华路、营口道、电报大楼和海光寺四站。此后，由于各种原因，仅天津地铁一号线就经历了几停几建，反映出天津城市建设在艰难中不断行进的步伐。《票证中的天津风物》一书中的《天津早期地铁票》《天津地铁代用币》《天津地铁纪念卡》《天津地铁一号线重新运营参观券》《天津地铁参观券》诸篇，将不同时期、不同类型的天津地铁票证作为天津地铁发展的历史见证，进行多方面分析探讨，得出客观、真实的结论，填补了天津地铁史研究的很多空白。

《票证中的天津风物》通过门券等票证介绍天津的风景名胜、文博场馆，如水上公园、天塔、中国大戏院、天津音乐厅、独乐寺、文庙、周邓纪念馆、天津博物馆、梁启超饮冰室、李叔同故居纪念馆、天津邮政博物馆、北疆博物院、天津戏剧博物馆、鼓楼、天后宫、觉悟社纪念馆等。这也是对“网红天津”的一种特殊而形象的宣传，可以启发、引导市民和旅游者了解天津、热爱天津、赞美天津，无疑具有积极而鲜明的现实意义。

2020年2月18日于天津镇东晴旭看七十二沽往来帆影轩增1号

目 录

第一辑

文博场馆类

HERITAGE AND MUSEUMS

百年荣光话天博

2018年是天津博物馆的前身天津博物院成立一百周年。天津博物院以“阐明文化，发扬国光”为宗旨，是我国首座公办民助博物馆。为庆祝百年华诞，天津博物馆推出了“守望文明百年荣光”等新展。展览展出了天津博物院长期优待入览券。票券已近百年，保存完整。以硬纸印刷便于长期使用，票种、地址、使用期限、编码等信息一目了然。由此可见天津博物院从建立之初，对学生团体、专家学者等特定观众已有相关优惠政策，体现了公共文化教育性质。天津博物馆历史悠久，展览丰富，统计下来，各个时期发行的票券已超百种。无论是票面上的文字内容，还是材质、设计风格、印刷工艺的发展变化，都有相当重要的史料价值，在天津首屈一指，成为博物馆本身乃至时代发展的缩影。

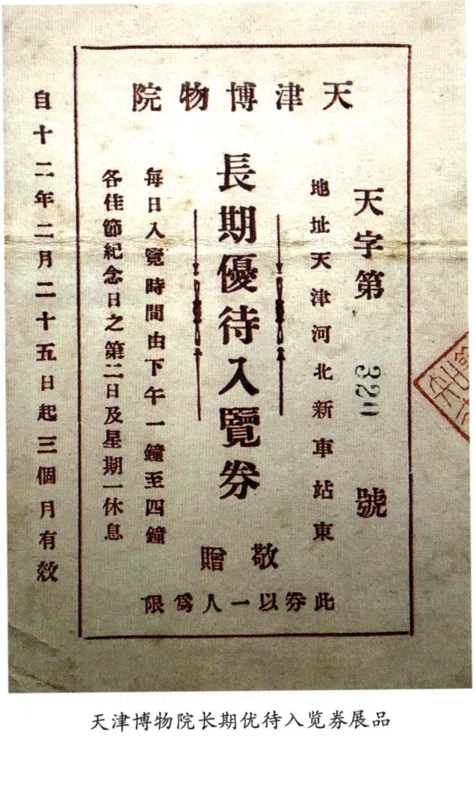

天津博物院长期优待入览券展品

目前收藏市场上可供交流的票券，根据机构变化，可分为天津市博物馆、天津市艺术博物馆、天津市历史博物馆和天津博物馆四类。天津市博物馆存在时间较短，故票券种类偏少，如匈牙利对外贸易公司机械车辆工业展览会、罗马尼亚现代绘画展览参观券，横版双色印刷，没有过多的装饰元素。另有小幅红字参观券，纸质较薄，标注票价为 5 分。

艺术博物馆票券多为常规款式，横版票券以建筑为主要图案，如票面中心为当时博物馆所在地原法国公议局大楼的绿色参观券，红、黄二色的参观券，票面左侧为当时博物馆所在地原东方汇理银行大楼。竖版三分参观券，有红、绿、蓝等颜色，五枚印有太保鼎等不同文物的票券竖向对接，顶部为装订区和存根栏，可称为“异图连券”。连券讲究整体和谐，多在南方部分景区出现，主要为横向对接或方联对接，竖向对接票券较为罕见。

历史博物馆、艺术博物馆参观券，有当时博物馆外景图

历史博物馆常规款式的参观券，多为三枚一套，以蓝、黄、绿等颜色作为区分，票面左中部印有博物馆名称和建筑简图，右侧为副券栏，印有“票价 3 分”或“集体参观”字样。使用时，在票面上加盖或书写展览名称、参观时间和人数等信息。票券布局规整大气，风格与当时北京鲁迅博物馆等大型博物馆票券相近，印刷精细，具有鲜明的时代特征。展览专用票券根据陈展内容，将特色图案或标志绘于票面，增强个性化和美观度。如共和国与十大元帅大型摄影展参观券印有五星红旗，澳大利亚邮票展览券印有袋鼠邮票图案，天津首届小人书收藏大展参观券印有连环画《东郭先生》图稿，等等。此外，历史博物馆是本市为数不多发行塑料门券的文化旅游场所，几种不同款式的参观纪念塑料门券色彩鲜艳，易于保存，可做书签之用。

合并后迁入“天鹅展翅”馆的天津博物馆，早期发行过简易单色彩纸印刷的小幅参观券，有红、蓝、绿等多种颜色，左侧为副券栏。使用方式与历史博物馆时期类似，加盖或书写票价及参观人数。六枚同版常规款式参观券长期使用，分别为通票、半价票、精品展、文物专题展、中华百年看天津展览专用票及一枚无标注的票券。几枚票券稍有差别，如通票的副券栏有阿拉伯数字 1 至 8，大写英文字母 A 至 E，工作人员可根据游客出入不同展厅进行检票打孔。精品展票上方印有多件展览文物的照片，无标注的票券可做团体票或临时展览入场券之用。另有八枚圆形门券，票面印有建筑外形和机构标志，背面为不干胶质地，可粘贴于观众的服装或箱包表面，视觉明显，不易丢失。

三星堆·金沙遗址出土文物精品展成人票

天津博物馆在举办国际和国家级珍贵文物巡展时，会发行专用参观券，这些票券构思精妙，匠心独运。如 2010 年三星堆、金沙遗址出土文物精品展参观券，票面印有代表性文物青铜人头像、青铜面具，主题突出。并且设计了半价票、成人票、家庭套票等不同票种，辅以不同颜色。2014 年，拿破仑文物特展参观券，有鲜明的异域特色，底色以法国国旗颜色为参考，斜向线条分割，中部位置印有中英双语的文字信息，右侧图案取自经典油画《跨越阿尔卑斯山圣伯纳隘道的拿破仑》。2012 年，天津博物馆迁入现馆后，发行六枚一套的参观券，票面以红色为装饰色，中部为新馆建筑照片，因背面为赞助商广告，故参观须知印于正面下方。六枚票券的区别在于右侧，分别印有黄玉猪龙、玉壶春瓶、太保鼎等馆藏珍贵文物。票券设计典雅，画面简练而突出，色彩丰富而有序，与天津博物馆的内涵和品位极为相称。

拿破仑文物特展参观券

纪念天津博物馆成立100周年免费参观券

六枚一套的常规参观券，右上方文物有所区别

伟人的光辉足迹

在天津教育界，有一组特殊系列学校，这些学校覆盖不同的学历阶段，虽然已没有从属关系，但校名中有着相同的元素，并且都使用统一的校歌、校徽和校色，这就是南开系列学校。值得一提的是，其中的学校如南开大学，多年来还保持着一种特殊的习惯，即在新生开学的第一周要集体参观周恩来邓颖超纪念馆，成为南开学子的第一堂课。

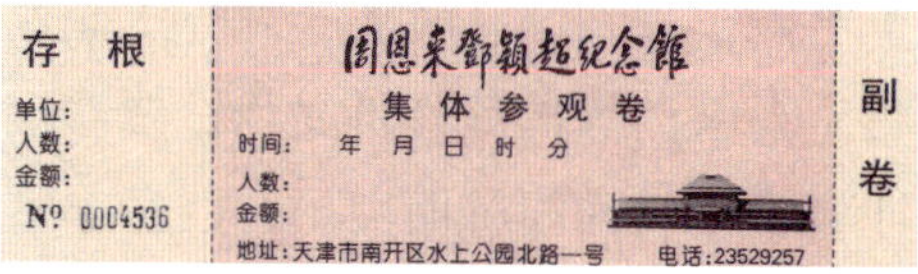

集体参观券，“卷”字应为“券”

一代伟人周恩来，在天津留下了求学报国和投身革命的光辉足迹，留下了极其宝贵的精神财富。

1913 年，15 岁的周恩来随伯父来到天津，考入南开学校。其间他不仅学习努力、博览群书，多次在国文比赛中获奖，还积极领导或参与校风报社、敬业乐群会、新剧团、演说会等学生社团的活动。1917 年毕业后东渡日本留学，1919 年南开学校开设大学部，周恩来回国并成为南开大学的首批学生。五四运动爆发后，新的革命思潮迅速传播，周恩来也全力投入其中，主编《天津学生联合会报》，与天津学生联合会和女界爱国同志会的骨干邓颖超、郭隆真、马骏、刘清扬等人发起成立觉悟社。周恩来在《觉悟宣言》中提出以“革心”“革新”的精神，求“自觉”“自决”为宗旨。此后觉悟社组织讲演，出版刊物《觉悟》，讨论研究新思潮并领导青年学生的爱国运动。周恩来在天津的革命活动中，不仅是出色的宣传者，更是杰出的领导者。1920 年冬，周恩来等觉悟社主要成员赴法勤工俭学。天津是对周恩来一生有着重要影响的地方。新中国成立后，他曾多次视察天津和南开大学，在与国内外友人谈到他在天津的往事时说道：“天津是我的第二故乡。”天津不仅是周恩来投身爱国运动的起点，他与邓颖超共同的革命理想和深厚情谊也是在这里建立起来的。

1976 年，为缅怀周恩来的丰功伟绩，天津市决定将周恩来在南开学校（现南开中学址）读书时的东教学楼，开辟为周恩来同志青年时代在津革命活动纪念馆，1978 年正式对外开放。这是一座仿罗马式的二层砖木楼房，楼下复原了周恩来曾在这里上课和开展社会活动的理化阶梯教室，楼上复原了东四讲室并标注了周恩来当时的座位。室内悬挂了周恩来和全班同学的照片与他在读书期间所获的奖状、奖旗。其余几间教室作为专题陈列，展出文物、文献和照片百余件。该馆后来被天津市和有关部委命名为爱国主义教育基地。

1998 年，在周恩来一百周年诞辰纪念日前夕，周恩来邓颖超纪念馆（以下简称“周邓纪念馆”）在风景秀美的水上公园北侧正式开馆，原周恩来同志青年时代在津革命活动纪念馆建制取消，并入周邓纪念馆。

周邓纪念馆是一座园林式的名人纪念馆，建筑主体为三层，呈“工”字形布局，气势恢宏。展厅经过精心设计，包括瞻仰厅、生平厅、仿制西花厅和专机厅等。其中瞻仰厅以大型壁毯《海阔云舒》为背景，正面耸立着两位伟人的汉白玉雕像《情满江山》，多年来已成为举行入党、入团、入队、新兵入伍和重大纪念日等主题教育活动的重要场所。

周恩来同志青年时代在津革命活动纪念馆门票，
图中为南开中学伯苓楼

无论是南开学校的周恩来同志青年时代在津革命活动纪念馆还是现在的周邓纪念馆，每天都有来自全国各地的游客前来瞻仰和参观，纪念馆票券也自然成为一种特殊的留念方式。两座纪念馆的票券都朴素简约、庄重典雅，而且设计匠心独运。其中一种是周恩来同志青年时代在津革命活动纪念馆的早期参观券，该票为票价一角时代的门票样式，票券分为左、中、右三部分，左、右两部分为存根和副券，因处于需要装订和撕取的位置，故而以留白为主。票面主要图案集中在中心位置，上方是叶剑英为该馆题写的馆名，中部是纪念馆所在南开学校东楼的建筑主体绘画简图，下方是纪念馆地址。票券设计简洁大方、布局合理，使用紫色作为主色调。紫色不但淡雅柔和，同时还是南开学校的校色。周恩来作为南开的优秀学子，同样体现了“出淤泥而不染，濯清涟而不妖”的君子品格。

周恩来同志青年时代在津革命活动纪念馆门票，光面材质在当时并不多见

除此票外，周恩来同志青年时代在津革命活动纪念馆还有一款与之风格相似的五角票价的长幅门票，这两款无论从构图还是字体选择都有非常典型的“前计算机”时代特征。另外几款票券，其中一种以绿为主色调，票幅稍短。而另一种竖向印刷，以黄为主色调，中间印有周恩来一直作为自己行为准则的《镜铭》。周邓纪念馆曾经使用过一种邮资门票，正面有周恩来邓颖超的合照，以及纪念馆内的部分陈设。最为常见的是周邓纪念馆的大票幅的红色门票，这种风格是近十年来的门券流行样式，采用高级印刷工艺和纸张，可以展现出更细腻

常规参观券，右侧有票种区分

和清晰立体的画面。此票中间是周邓纪念馆的正面效果图，底纹是花朵图案用以点缀。左边为副券和编码栏，右侧为检票位置，可从此处区分成人、优惠和学生等不同票别。还有一张较为新颖的票券，是配合周邓纪念馆中专机厅使用的。专机厅实际是周总理在 20 世纪五六十年代一直乘坐的伊尔 –14 型飞机的原机，陈列在周邓纪念馆的院中，旅客可以购票入内参观。设计者创造性地将票券设计成飞机登机牌样式，配上飞机的图文介绍，让人一目了然、印象深刻。

专机厅“登机牌”，有蓝白色、绿白色两种

周恩来生前曾留下遗嘱，身后将骨灰撒在海河，体现了他对天津的深厚感情。在天津，除了周邓纪念馆，还有南开大学周总理塑像、南开翔宇公园和觉悟社旧址纪念馆，都是纪念周恩来的场所。周恩来的卓著功勋、崇高品德和光辉人格，深深影响着一代代中华儿女。参观展馆和收藏票券的同时，不仅是为了缅怀伟人，更重要的是牢记时代责任和历史使命，砥砺前行。

票券上的天津解放记忆

2019 年是平津战役胜利暨天津解放 70 周年纪念。平津战役是中国人民解放军在北平、天津、张家口地区对国民党军队进行的第三个战略性进攻战役，也是战略决战的最后一个大战役。平津战役的胜利，为解放全国奠定了基础。天津解放，成为影响中国命运、为世界所注目的特大新闻，天津从此翻开了新的历史篇章。

为铭记平津战役的光辉历史，颂扬革命先辈的丰功伟绩，天津平津战役纪念馆于 1997 年建军 70 周年前夕正式开馆，聂荣臻元帅生前题写了馆名。平津战役纪念馆坐落于红桥区平津道 8 号，占地 4.7 万平方米，分为胜利广场、主展馆、多维展示馆和军威园四个展区。主体建筑前半部分为主展馆，外表覆灰色花岗岩饰面，恢宏庄重。基本陈列由序厅、战役决策、战役实施、人民支前、伟大胜利、英烈业绩六部分组成。后区设有金属材质构成的巨大灰色球体，科技感十足。馆藏重要文物有苏静在《关于和平解放北平问题的协议》上签字用的钢笔、聂荣臻使用过的勃朗宁手枪、刘亚楼穿过的皮大衣等。

平津战役纪念馆的票券可分为常规票券和临时展览票券。常规票券票面中心多以展馆外景为图案，如浅黄色纸张的小幅免费参观券，单色印刷，在存根和主券机打编码。橘色的大幅票券，中部有蓝、橙、紫等色的椭圆造型，用以区分不同票种。左侧分隔出贰、叁、伍元的三栏副券，便于游客在出入不同展厅时撕取。此外，成人券和学生券的版式类似，主图背景照片有所不同。在票面右下角标记 A 区、B 区、军威园，游客参观时，打孔检票。运用此种检票方式的还有 4 枚一套的明信片式门券，面值分别为 5 元、10 元、12 元和 25 元。除馆名、地址和开放时间等文字信息外，票面印有纪念馆内标志性建筑或展品，如 25 元通票上印有主广场中心的枪刺型

明信片式门票，右下方打孔检票

胜利纪念碑图案。纪念碑做工精良，构思巧妙。高度64米，象征军民奋战64天；三个巨型钢环，象征三大战役和人民推翻“三座大山”；三个镂空血槽，象征天津、北平和绥远三种解放方式。

纪念雷锋精神入场券

学生券

临时展览票券种类同样丰富，票幅较大，版式相似，多由存根、三栏副券和主券构成。如《百年国耻——八国联军侵华史实图片展》《为了祖国的安全——现代国防教育大型图片展》，印刷清晰，元素丰富。《雷锋精神永恒——纪念毛泽东为雷锋题词发表四十周年》参观券，正面右侧印有雷锋像和毛泽东题词，背面有节选的雷锋日记笔迹版。《新中国从这里走来——系列展》，此展为庆祝中华人民共和国成立50周年所设，票券以明黄色的背景，上方飘扬五星红旗，右侧有胜利广场上的《并肩作战》大型群雕，主题突出，收藏价值较高。

成人券，右下方打孔检票

军威园入场券

平津战役纪念馆曾经发行过多种卡式门券，在天津较为少见。卡式门券从20世纪末开始在国内出现，依托电子信息处理技术，对票务进行科学化管理，并能够最大限度提升检票效率和票券的防伪属性。同时，统计数据也可供相关部门做研究之用，而重复使用的票卡，也可减少纸张浪费。目前可见平津战役纪念馆的卡式门券有十种之多。票卡为25元面值，并印有“特种门票珍藏卡”字样。票面题材多样，有庆祝十五大召开、纪念建军70周年、庆祝建馆一周年等。

背景图案围绕纪念馆建筑外观、《走向胜利》铸铜雕像、武器装备、军旗军徽等元素，设计考究，即便是相同的馆名字样，也进行了颜色和字号的多种变换，排布在票卡的不同位置，具备一定的审美和收藏价值。但因年代等因素，收藏市场多见品相为八九品的票卡，稍有老化和划痕。

常规参观券，可参观基本陈列和军威园

除平津战役纪念馆外，在天津还有一座以平津战役为主题的纪念场所，它就是平津战役天津前线指挥部旧址陈列馆。该馆现坐落于西青区杨柳青镇药王庙东大街 4 号，原为杨柳青“戴记钱铺”。1949 年 1 月 14 日，总指挥刘亚楼在这里发出了攻打天津的指令。1984 年对外开放，肖劲光大将题写了馆名。展区内东侧警卫室、西侧参谋室和北侧作战指挥室为复原陈列，重现了历史场景。收藏市场上可见该馆白、青色两种门券，仅有颜色之别，均为建馆初期所用。票幅较窄，版式简约，设计具有经典的“前计算机”时代风格，票面左侧印有陈列馆入口处的黑白照片。出于技术及成本等原因，照片相较于美术字、简笔画等元素，在早期票券中并不常见。照片虽清晰度欠佳，但可更加直观展示历史变迁，单枚市场成交价格在 20 元左右。

多副券栏的大尺寸参观券

中国命运的决战——解放战争三大战役历史展参观券

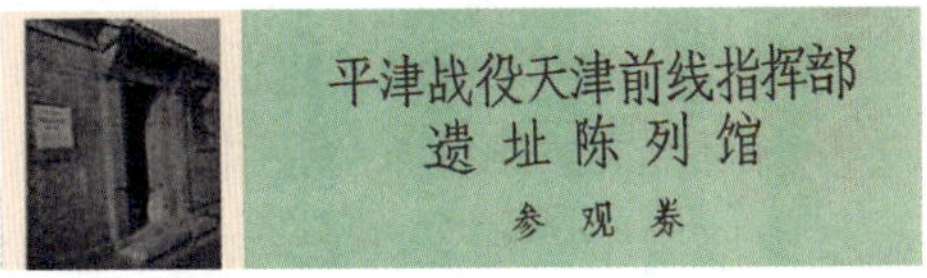

平津战役天津前线指挥部遗址陈列馆参观券，该馆现名称为平津战役天津前线指挥部旧址陈列馆

从北疆博物院
到自然博物馆

2018年是天津自然博物馆的前身北疆博物院对外开放90周年。北疆博物院初期称黄河白河博物馆，由法国天主教耶稣会神甫、博物学家桑志华创建。

19世纪以来，法国耶稣会不断派遣拥有传教士身份的科学家到中国各地考察研究。神秘且未知的中国北方，使桑志华萌生兴趣。1914年起，自称“法国进士”的桑志华开始进行多年的野外发掘和科学考察。1921年初，恰逢教会筹建天津工商学院，桑志华提出建立北疆博物院的计划，很快得到采纳和资助。博物院自1922年开始兴建，由博物馆、试验馆两座建筑组成，由封闭式天桥相连，整体呈“工”字结构。北疆博物院鉴定和发表模式标本二百余种，列入自然科学文献记载的标本有一千一百多件。1937年因抗战爆发，北疆博物院基本停止了采掘和研究。

中华人民共和国成立后，北疆博

蝴蝶展览参观券，右侧文字应为“副券”

设计精美的VIP参观券

物院由私立津沽大学代管，1952 年成立天津市人民科学馆。1957 年更名为天津市自然博物馆，1959 年陈展和办公地址迁至马场道西头。1968 年，与天津市历史博物馆、天津市艺术博物馆合并为天津市博物馆，1973 年恢复原有建制。1974 年更名为天津自然博物馆。1998 年，自然博物馆改扩建完成，采用天圆地方构思的“海贝含珠”馆，被评定为首批国家一级博物馆。2014 年，自然博物馆迁入文化中心原天津博物馆内，陈列以“家园”为主题，是全国第一个主题单元化、全景式展示的自然探索、科学体验、科学教育的自然史博物馆。

自然博物馆因其独特属性，早期票价较高，前计算机时代的票券留存不多，收藏市场上成交价格多在 20 元以上。这些票券设计典雅，注重审美，强调特色。如“长江第一漂 · 秦陵兵马俑”门券，有蓝、棕两种颜色，版式采用当时较为常用的下切线布局，在票面左右两侧分别印有兵马俑和水流漩涡的美术造型。另有普通款式的门券，票幅细长，常见有黄色附带广告版和蓝、红两色版。与同期其他展馆门券不同的是，票面两侧分设有多列的金额栏和副券栏，观众可凭此券在多展厅间观赏，便于检票和计价。中部印有场馆当时的标志，应为马门溪龙和大树图案的重叠组合，代表自然博物馆囊括动植物在内的基本特征。

长江第一漂 · 秦陵兵马俑展览参观券，右侧应为“副券”

以水生生物为背景的学生参观券

“海贝含珠”馆建成开放，成为亲子出行、学生学习休闲的绝佳场所，此时门券的种类和样式亦不断增加。自然博物馆的票券也是天津较早使用“同版多款”票券的展馆，即根据不同参观人群，发放定制门券。如印有地动仪的防震减灾知识展览参观券，设绿、蓝、红三款，以不同颜色分别代表成人和学生、个人和团体，简洁明晰。另有一套七枚的门券，颇有特色。文化中心新馆开放后，其中六枚在周二至周日分别免费发放，以高清照片展示动植物标本、恐龙化石及贝类，副券栏采用与主券颜色相近的花瓣图案搭配，同时背面印有场馆介绍等基本信息。另一枚为贵宾券，以猛

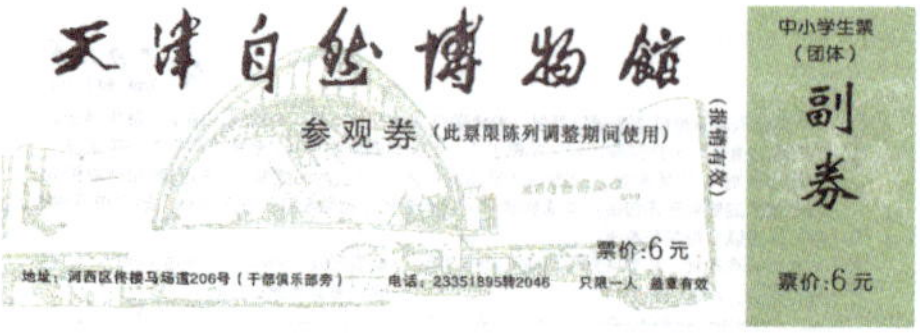

陈列调整期间使用的中小学团体参观券

犸化石作为主图，辅以金黄沙质背景，明快大气。整套门券发放形式巧妙，设计精美生动，兼具现代感，值得收藏和研究。

2016年，沉寂了半个多世纪的北疆博物院作为一块“活化石”，重新对公众开放。观众驻足其中，可通过文物与历史对话，在增长自然科学知识的同时，寻味天津历久弥新的深厚文化底蕴。

鹦鹉乐园集体入场券

团体参观券

肯尼斯·贝林捐赠标本专题展学生入场券

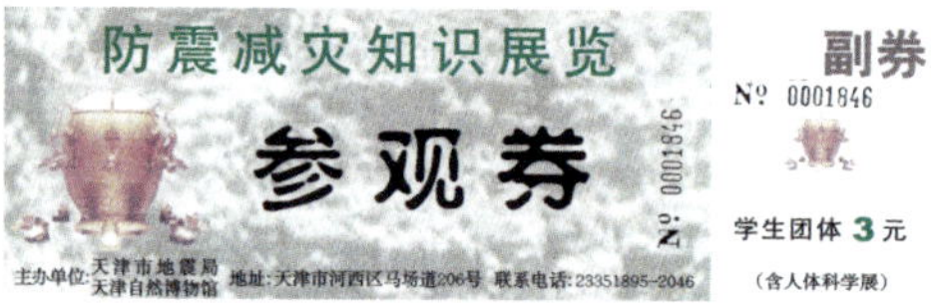

与市地震局合办的防震减灾知识展览学生团体券

2010年发行的观摩券

从会馆到戏剧博物馆

2016年是中国第一座戏剧专题博物馆——天津戏剧博物馆建馆30周年。该馆设在闻名全国的近代优秀建筑广东会馆内。

九河下梢的天津，因其自然条件和地理位置，自元代开始就成为河海漕运的枢纽。三岔河口是南粮北调、船舶往来的重要集散地，商业发达，货栈林立，云集了全国各地的商人，为互通有无、联络乡谊和壮大力量，会馆应运而生。明清时期的会馆，类似同乡会，是为同乡或同行业的人群提供居住、娱乐和社会活动的场所。天津原有各地所设会馆二十余处，坐落于鼓楼东南侧的广东会馆，是天津现存规模最大、保护最完好的清代会馆。广东会馆的前身是由广帮、潮帮和闽帮共同集资兴建的闽粤会馆。后因内部经济问题终止运营，由广帮独立筹建起广东会馆，成为广东同乡商务集会、联络感情和祭祀先祖的社会场所。

清光绪二十九年（1903），时任天津海关道的粤籍人士唐绍仪，倡议各界在津同乡捐资筹建广东会馆，购置原盐运使署旧址土地23亩。清光绪三十三年（1907），广东会馆正式建成。主体建筑中，南部的四合院，供商谈集会使用；北部的戏楼，则是登台献艺的绝佳场所。著名京剧表演艺术家梅兰芳、杨小楼、孙菊仙、谭富英、尚小云等，都曾在此戏楼演出。广东会馆在承担同乡会功能的同时，也成为支持民主革命、宣传爱国运动的阵地。1912年，革命先行者孙中山来津，在戏楼舞台上发表了“我中国四万万同胞同心协力，何难称雄世界”的著名演说。1919年，邓颖超与天津女界爱国同志会在此募捐义演《安重根刺杀伊藤博文》。1925年，广东会馆成为声援省港大罢工人员的临时驻地。同年，由共产党人安幸生在此组建了天津市总工会。天津解放后，这里曾用作第三女子中学校舍。1985年年底，在广东会馆原址基础上成立天津戏剧博物馆，并于次年元旦正式对外开放。这里现为全国重点文物保护单位、天津市爱国主义教育基地。

四枚一套的参观券，内景照片和脸谱有所区别

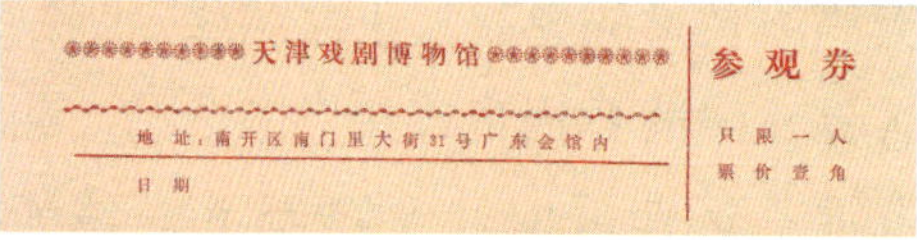

早期参观券，与天津文庙博物馆同时期参观券版式相同

戏楼是广东会馆的主体建筑，也是其精华所在。置身其中，能够真切体会到历史与艺术、文化与科技的交融。古今中外，戏楼、剧场、影院、音乐厅都要首先考虑演出过程中舞台对场内的视觉和声音传达效果。出色的建筑，不仅美观实用，更重要的是要让各个位置的观众拥有最好的视听感受。广东会馆的戏楼没有采用抬梁或穿斗结构，而是用两根南北向平行的跨空枋和东西向的额枋构成罩棚顶式，极大地拓展了空间，在池座内没有任何支撑堂柱遮挡视线，这在古代建筑中实属罕见。舞台区别于西方引入的镜框式舞台，采用“台前幕后”的伸出式，即台在前，幕在后，不设天幕和边幕，三面深入观众席。舞台顶部悬挂重约六吨的螺旋式藻井，藻井外方内圆，内凹部分由众多异型斗拱堆砌接榫，旋转叠加，金碧辉煌。藻井内凹凸不平的螺旋结构，可将舞台声音充分聚拢和折射，削弱噪音。舞台台口不设落地柱，悬臂吊挂式的结构，借助顶部东西两侧斜向钢拉杆将力分散于立柱与主梁之上，并用精美木雕工艺将其巧妙隐藏。舞台正上方悬挂“薰风南来”金字匾额，下方镶嵌“天官赐福”大型彩绘镂空木雕。画面中祥云与灵芝、松柏交织，天官和仙童立于中间，灵猴在树上攀爬，有“指日高升”“早日封侯”的美好愿望。圆外四角分别刻画一只衔着桃枝的蝙蝠，取福寿康宁的意愿。吊顶三面的横楣华板，雕有狮子滚绣球、龙凤呈祥的浮雕图案，两端的空中垂柱，雕刻为倒垂莲花花朵式的立体木雕，好似含苞待放。

以天津戏剧博物馆（广东会馆）为题材的票券，早已成为收藏爱好者关注的热点。从票证收藏市场观察，广东会馆成为天津戏剧博物馆对外开放至今，印行票券近二十种。早期款式为浅色细长型，受印刷技术制约，设计简约，票面上仅单色注明基本信息，以花纹线分隔。右侧印有“参观券”字样，票价一角，另有在票价栏加盖赠票章和“壹元”“贰元”改值章的品种。其余门券多以戏楼舞台照片为主要元素，在显要位置印有馆名等文字信息。随后发行过四枚一套的参观券，颇有创意。四枚门券版式相同，正面为灰色浮雕背景，主券右侧为邓颖超题写的馆名，下方有红色的“参观券”字样。不同之处为副券栏分别有生、旦、净、丑四种行当的脸谱简图，左侧照片栏分别取景自山门、戏楼舞台、戏楼后台和四合院展厅。而票券的背面对应正面照片的不同地点，进行相应文字介绍。整套票券不仅素雅美观，还是一部小型图文游览指南，可谓一举两得。

专场演出票，纸质较硬，背面粘贴座位信息

背景为戏楼的入场券

除了常规参观门券，天津戏剧博物馆还在承办的各类演出及文娱节目中印行活动票券。其中包括电视台定期在戏楼录制某相声节目时发放的现场观众赠票，以及在建馆30周年活动期间发行的观看专题展览及创意短剧通票。每周末的京剧演出，也采用专用票券。京剧演出票无论从材质及设计风格上，均与参观门券有一定区别。纸张选择目前国内流行的出票机二次打印式硬纸，更易保存，以防折损。票幅较宽，长度小于观光门券。右侧副券栏偏短并留白，左侧主券栏以戏楼内景为衬托，辅以淡黄色，上方文字为“天津戏剧博物馆（广东会馆）专场演出”，中间部位是不同行当的京剧演员演出照片的剪辑组合，拼接自然，印刷清晰。底部为“入场券”深色字样以及地址、电话信息。根据场次和座位的不同，背面粘贴演出时间、票价等内容。票券整体布局精巧，风格典雅华丽，使用特征鲜明，使人一目了然。

小小票券，方寸之间，印证着天津戏剧博物馆30年的辉煌，映现着天津广东会馆百余年的沧桑。今天，中外宾客游览至天津老城中心，眼观这座古朴典雅的建筑，耳闻戏楼里高亢悠扬的声腔，无不真切地感受到天津文化的厚重与精致。

相声大会现场录制赠票

道冠古今说文庙

文庙，又称孔庙、夫子庙、至圣庙、文宣王庙，是纪念和祭祀春秋时期伟大思想家、教育家孔子的场所。因与祭祀古代名将的武庙相对，故称文庙。自公元前478年第一座文庙诞生至今，文庙作为两千多年绵延不断的独特存在，反映了各个历史时期政治、经济、文化和教育方面的信息。从全国范围看，文庙无论是数量、规格，还是建筑艺术精美的程度，都堪称古代文化遗产的重要组成部分。文庙可根据性质大致分为三类：一是家庙，即孔氏家族祭祀孔子的宗庙，目前公认的有曲阜孔庙和衢州孔庙两座；二是具有国家性质的国庙，主要指曲阜孔庙和北京孔庙；三是学庙，是指将学习儒家经典的学校和祭祀孔子的庙宇相结合的官办场所。除前两类涉及的三座文庙，其余均可视为学庙，而天津文庙正是庙学合一的典型代表。

单色印刷的大幅参观券，背景为府庙大成殿

天津文庙始建于明正统元年（1436），据《天津卫志》载：“文庙，在东门内。明正统元年，天津左卫指挥使朱胜，照陵西按察司佥事林时，建言事例，奏准开设。本官遂将住居一所，施为学宫，首建堂斋公廨，十二年大成殿成。”可见天津文庙从建立初始，就与学宫（卫学）相互结合。卫学又称文学，是儒学的一种，是天津第一座官办学校。明景泰、天顺和弘治年间先后修建棂星门、两庑和明伦堂。明万历四十年（1612）在天津卫城西南角楼创办以学习武艺为主的武学，能做文章的武生，经过考试后也可进入文学。清雍正三年（1725），天津卫改天津州，清雍正九年（1731）升州为府，另置天津县。故而卫学改为州学，后又升为府学，天津文庙也随之升为府庙。由于当时府县两级官员不能同地祭祀孔子，在清雍正十二年（1734）于府庙西侧另建县庙并随建县学，形成天津文庙府县并列的格局。1927年，教育家严修在文庙安设了崇化学会，聘请当时知名文人在此讲学，会集和培养了许多文史方面的学者，后改为崇化中学。1954年，文庙成为第一批市级文物保护单位，曾被市少儿图书馆、新华书店古籍部等单位使用。1985年进行复原修缮，后设立为天津文庙博物馆并对外开放，现为天津市爱国主义教育基地。

天津文庙遵循古代传统院落样式进行建筑布局，经明天顺、万历，清康熙、乾隆年间重修和扩建，是天津市区现存最完整、规模最大的古建筑群。府庙规模较大，顶用黄琉璃瓦；县庙建筑体量偏小，为青砖青瓦覆盖。东西两庙均有照壁、泮池、棂星门、大成门、大成殿、崇圣祠和配殿等。其中的建筑和设计都有来历和讲究。步入文庙，首先引人入胜的莫过于泮池。泮池又称泮宫，是大成门正前方的半月形水池，意即“泮宫之池”，它是官学的标志。泮池上的石桥称为泮桥，古代科举考试时，学子拜孔需要过桥，名曰入泮。天津府南皮县人张之万于道光二十七年（1847）高中状元，天津人便将其与府庙泮池跃鲤联系起来，上海画家吴友如的《泮池跃鲤》正是描绘了这一景象，天津文庙也随之更加出名。棂星门是文庙中轴线上的一座牌楼，相传棂星为天上文星，学子通过棂星门取祝愿、保佑之意。大成殿是文庙的主体建筑，是祭孔活动的中心。文庙内外共有七座牌楼，包括两座棂星门，礼门和义路三座，还有庙门外的“德配天地”和“道冠古今”。后两座牌楼是二柱三楼庑殿顶式，始建于明代，原来是东门内大街的过街牌楼，后经过城市道路拓宽改造，现矗立在文庙外的人行便道上。这两座古意盎然的牌楼，以及迤东不远处古文化街两端的“津门故里”和“沽上艺苑”牌楼，为外地游客最爱拍摄，堪称天津的城市名片。

作为著名景点，天津文庙的门券一直为收藏爱好者所重视。就天津地域文化收藏而言，文庙的突出地位使其门券成为毋庸置疑的必藏项；对于热衷文庙专题类收藏者而言，天津文庙作为中国文庙的重要一员，其门券同样受到外地藏友青睐。就目前收藏市场及研究领域获得的情况来看，天津文庙门券相对于其他景点如天后宫、大悲禅院的门券，品种偏少。加之设计精美，票面反映内容丰富，未来升值潜力较大。早期的天津文庙门券具有鲜明的时代特征。20世纪90年代，随着印刷技术的进步，门券开

橘色参观券，建筑照片较为清晰

四枚一套的天津第七届民间收藏展参观券

始普遍融入彩色照片和电脑字，来呈现更加生动和美观的效果。此券的主体部分为大成殿的正面彩色照，顶上有“天津文庙”的红色字样，下方是地址以及未填写的日期和票价栏。票券右侧为副券，中间使用竖向虚线与主券分隔。虽采用现代技术，但票券整体仍为传统样式，体现在主、副券的排布位置，以及采用单一底色。以府庙大成殿的黄琉璃瓦色为主配色，更令人印象深刻。

天津文庙除长期开放的复原陈列和“大哉孔子”展览，还经常承办各类短期展览，如中国奇石巡回展、全国旅游门券收藏展、艺术章牌收藏展等，游客在参观这些展览的同时，亦可游览文庙的其他开放区域。其中较为引人注目的，当数天津民间收藏展，其中第七届和第八届分别于2005年和2011年在天津文庙举办，展览所使用的门券也十分值得收藏。第七届民间收藏展门券共四张，除此枚外，还有墨蓝、橙黄和枣红三种，四张排版布局相同，右侧背景是“道冠古今”的牌楼照片。区别是主色和票券左侧展示的藏品。此票以草绿色为主色，中间明显位置是“天津第七届民间收藏展参观券”字样，上方小字注明天津文庙博物馆，下方是主办单位栏，票券右侧为副券，并印有时间和地点提示。左侧前景展示的是先秦青铜布币和北宋大观通宝铜钱，背景是一张公私合营时期的股票。这些都是天津民间收藏家参加此次展览的藏品，用照片的方式完整展示在票券上，不仅增添了票面的整体观赏性，而且为展览提供了实物记录意义。参观者可以通过留存票券，查看票面上丰富的图文信息，并为展览留存史料。

少儿开笔礼专用票

2010年明信片式修葺竣工开馆纪念票

现在，文庙的作用不仅仅是陈列、复原古迹和举办展览，更重要的是在祭孔典礼和国学文化节等活动中，普及国学知识，加深市民对名胜古迹的保护和热爱之情，以进一步传承和弘扬传统文化，提升城市文化品位。

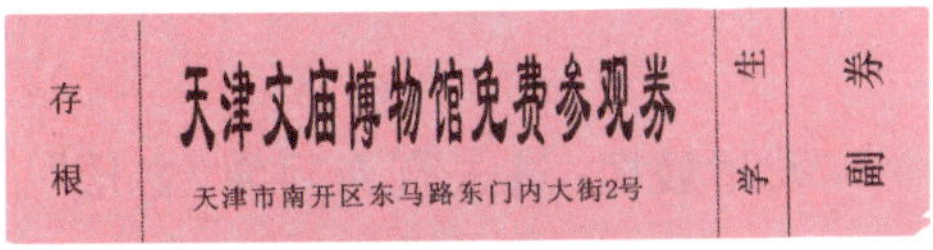

学生免费参观券

纪念天津文庙建成570周年赠票

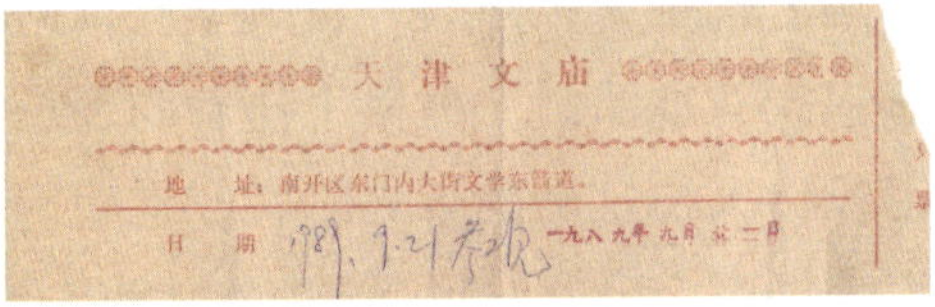

开馆初期的参观券

全国铁路站台票收藏展参观券

天津民间艺术精品展参观券，下方照片为县庙棂星门

唤醒繁华说鼓楼

明代永乐二年（1404），天津设卫筑城，建起初具规模的土围墙。因其四边东西长、南北短，故天津老城也称“算盘城”。明成祖迁都北京，天津遂成为拱卫京师的重要门户，军事功能显著提升。又因天津作为大规模海运的终点，漕运发达，致使城市建设规模远远超出卫城级别。明代弘治六年（1493），兵备副使刘福以砖砌城，修建四座城门城楼、角楼，并于城中十字街处建造鼓楼。

旧时天津鼓楼高三层，楼基是砖砌方形城墩台，楼体设有拱形四通门洞，对应四座城门。城台上建有木质双层歇山青瓦顶式楼阁，是登高远眺的绝佳场所。上层悬唐宋制铁钟一口，早晚共敲108响用以报时。有清代诗人梅宝璐（字小树）的著名对联为据：“高敞快登临，看七十二沽往来帆影；繁华谁唤醒，听一百八杵早晚钟声。”鼓楼每天早晚发出钟声，城中居民可依此掌握起居和劳动时间。

天津鼓楼，过去有人写成“古楼”。《沽水旧闻》记：“鼓楼，一作古楼。”《津门杂记》记：“古楼，俗作鼓楼。”其实，天津鼓楼无鼓，是将“鼓楼”写成“古楼”的最大原因。旧时天津鼓楼内挂着一口大钟，名为鼓楼，实为钟楼。清代诗人周楚良的一首《竹枝词》就说：“本是钟楼号鼓楼，晨昏两度代更筹，声敲一百单零八，迟速锅腰有准头。”鼓楼上挂着的那副清代诗人梅宝璐的著名对联，也明确说是钟声。历史上北京、南京、西安、开封、曲阜及天津蓟州渔阳古城等地，都分别建有钟楼和鼓楼。在刘心武写于20世纪80年代的长篇小说《钟鼓楼》的开头，有这样几句描写：“请记住，在北京城中轴线的最北端，屹立着古老的钟鼓楼。鼓楼在前，红墙黄瓦。钟楼在后，灰墙绿瓦。鼓楼胖，钟楼瘦。尽管它们现在已经不再鸣响晨钟暮鼓了，但当它们映入有心人的眼中时，依旧巍然地意味着悠悠流逝的时间。”还有一些地方建制简单，便将钟楼与鼓楼合二为一，称“钟鼓楼”，俗称“鼓楼”。天津老城应属后一种情况，虽然因钟的报时音响效果比鼓好而选择了钟，但还是从众从俗叫了“鼓楼”。近代以来，随着外国租界的开辟，上海有了海关大钟，天津建了“四面钟”，钟皆为洋钟，钟楼皆为洋楼，为避免产生误会，就更不必把中国古典式建筑的鼓楼改叫“钟楼”了。

1900年，八国联军侵华，天津城墙被迫拆除，鼓楼虽存，但日渐衰败。因年久失修，于1921年重建，将明弘治年间四城门的门额题字，移至鼓楼四门洞上方，即“镇东”“安西”“定南”“拱北”，由翰墨名家华世奎手书。1952年因贯通道路，鼓楼被拆除。20世纪90年代，天津的城市现代化建设进程加快，在老城厢地区大规模改造工程中，天津鼓楼伴随鼓楼商业街建设，于2001年重建完成。现在的鼓楼广场81平方米见方，新鼓楼高27米、占地27平方米，均为阳数之极“九”的倍数。建筑体量增大，加须弥基座，绿琉璃卷边，汉白玉栏杆。登上鼓楼，不仅可以欣赏建筑本身的雕梁画栋、恢宏壮美，亦可居于城楼高处游目骋怀，饱览津城美景。

因天津鼓楼重新建成开放的时间

彩纸打印的简易免费参观券，上有时间戳

不算太长，相对于天津文庙、天后宫、大悲院等周边景点而言，鼓楼参观票券品种较少。目前在收藏市场上见到的天津鼓楼早期票券大致有五种。其中两种是鼓楼承办“天津市危改纪念展览”而发行的免费参观券，使用粉色A4打印纸印刷，左侧为副券栏，版式和文字内容一致，只在字体上有部分变化。票面右上方加盖蓝色或红色的参观当日时间戳。此类风格票券多用于临时展览，以及文化场所举办的单次学术讲座，设计较为简单，但使用时效短，存世量小。

曾长期使用的常规参观券

天津鼓楼另有一种大票幅蓝色参观券，采用常见版式，左右两侧分别为存根和副券栏，中部为鼓楼“定南”方向的外景彩照，画面左下方融入了鼓楼西侧“北方美博城”部分外观，因建筑风格相近，作为辅助元素支撑构图。设计者使用计算机手段，抹去了照片中本应出现的其他景物和远方高楼，统一画面风格，突出鼓楼的恢宏壮观，巧妙地解决了拍摄大角度实景照片最容易出现的问题。

鼓楼铜钟券，右侧为五层新铸铜钟

除蓝色门券外，天津鼓楼还有一种以平铺版粉色团龙图案为背景的参观券，票幅尺寸与蓝票一致，票面中部亦为鼓楼照片，左下方文字标明鼓楼的地址、开放时间、参观日期和票价等信息。铜钟作为鼓楼的核心所在，游客在敲击铜钟时，有专门的票券供使用和留念。票券正面以浅棕色为底，中左部为彩铅风格的鼓楼全景照，由西北方向拍摄，可在画面右侧看到广东会馆的屋顶。右边是鼓楼铜钟的实物照。现铜钟悬挂在鼓楼五层，钟高2米，重3.2吨，钟上铭文由天津著名作家冯骥才和民俗专家张仲撰写。钟身阳铸浮雕，纽部为交尾双螭，铭文题写在钟体中部的矩形框中，金字魏碑，光彩耀眼。框外装饰为云龙折枝的环形连续图案，钟口的八翼翅上，分别铸饰八卦图形。铜钟的图案与造型，取吉祥、避邪之意。击响铜钟，会将美好的愿望伴随悠扬的钟声传向远方。

登临高敞，唤醒繁华，鼓楼不但是天津老城的中心地标，而且是天津城市发展的历史见证。2000年岁末，在天津鼓楼重建完成前夕，《天津日报》曾经刊发一文，对鼓楼作用的阐释颇有新意：“天津鼓楼自古无鼓，无鼓而称‘鼓楼’，这本身就具有一定的象征意义；如今重建鼓楼，鼓楼的实用意义更是远远低于它的象征意义。在不远的将来，重新屹立于天津旧城的鼓楼，不仅为日新月异的天津增添一景，更重要的是从建筑形象上提醒天津人要惜时进取，要有历史感和紧迫感，要在新的世纪里有所作为。诚如是，‘击鼓’之‘鼓’完全可以引申为‘鼓舞’之‘鼓’。”

二枚一套的常规参观券，张诗悦设计，风格清新而不失典雅

团体参观券，因需填写信息，存根栏较宽

饮冰室中的文化巨擘

2019年11月，“一门三院士共筑中国梦”图片展在天津博物馆四楼未来大厅开展。梁启超有九个儿女，他们都成为学贯中西的著名学者，其中建筑学家梁思成、考古学家梁思永于1948年入选中央研究院第一届院士，梁思礼是中国当代著名的火箭系统控制专家、中国科学院院士、国际宇航科学院院士。他们的寒士家风和为国家和社会学习的思想，都与梁启超的教育密不可分。

梁启超，字卓如，号任公，又号饮冰室主人，是中国近代杰出的启蒙思想家、政治活动家，成就卓著的学者。他一生著述甚丰，其《饮冰室合集》有1400万字之巨。

1995年2月，梁启超旧居展室在旧居旁建成。展室约16平方米，设有梁启超生平介绍、南开大学提供的十余幅图片资料、梁启超塑像及民国时期出版的康有为《中华救国论》，另外还有梁启超、章太炎所编《中国学术论著辑要》等珍贵文史资料。2002年10月，梁启超纪念馆试开馆，2003年4月正式开放。梁启超纪念馆现为全国重点文物保护单位、重点保护等级历史风貌建筑、国家AAA级旅游景区和天津市爱国主义教育基地。

梁启超纪念馆由梁启超旧居和饮冰室书斋两部分组成。旧居建于1914年，建筑面积一千余平方米，为两层意式风格砖木结构建筑，设有阁楼和地下室。1915年，梁启超全家迁入此楼开始长期居住。一层右侧为梁启超的书房，当年他在这里策划了反对袁世凯复辟帝制的护国运动，并写出了著名的《异哉所谓国体问题者》。一二层有《穿越时空的对话——饮冰室今昔》《梁启超与近代中国》展览，集中展示了梁启超不同时期的政治主张和学术成就，以及梁启超与天津的深厚渊源。

饮冰室书斋建于1924年，由意

大利建筑师白罗尼欧设计，位于旧居西侧。建筑正面有三连拱门洞，两侧为石台阶，当中有蓄水池，二层正面内凹，设有大露台。“饮冰”一词源于《庄子·人间世》：“今吾朝受命而夕饮冰，我其内热欤？”梁启超自谓“内热”，以饮冰自解，借此表达对祖国命运的忧虑之感。饮冰室书斋通过两层展区的场景复原陈列，再现梁启超晚年工作生活情景。位于一层资料室中的落地书柜是保留至今的原物，它高大古朴、色彩依旧，曾经长期由当时的居民韩老师一家悉心保护。

早期参观券，图中可见建筑外景与现今有所差别

作为天津最早开放的名人故居纪念馆，梁启超纪念馆的门券较为丰富。早期一枚浅黄色的参观券，右侧有饮冰室书斋建筑的外景旧照。图中可见建筑外表颜色为白、棕相配，有别于现在的颜色，应为建筑修复之前所摄。票券设计风格与同时期李叔同书法碑林参观券、中山公园参观券和望海楼教堂纪念券相似。2004年，纪念馆发行了四枚一套的参观券。此套票以浅蓝为底色，构图简约。其中三枚为竖版，票中有“梁启超弱冠小影”“梁启超在日本”“梁启超在温哥华”三张照片，上方为存根栏，下方为副券

四枚一套的参观券，分设横竖版式，并不常见

栏。横版券存根栏和副券栏被放置在票的左右两侧，主图为饮冰室书斋建筑外景照。同套票中分设横竖不同版式，较为罕见。

多种颜色的免费参观券，外有塑封

不同颜色的免费券，同样是梁启超纪念馆票券的亮点所在。这些免费券采用相同版式，不同之处在于纸张颜色，有红、橙、浅绿、草绿、紫、灰蓝等近十种。左上方有建筑简图和纪念馆的中英文标志，右侧印有繁体字样的“免费”二字。此券为循环使用，为延长使用时间，纸张外表覆有塑封膜，环保而不失细腻。

两枚一套的参观券，为不同票种所用，易于区分。如红、绿二色参观券，右侧有院内梁启超塑像照片，背景辅以两座建筑外景。左右两侧分别有白色检票标记点和票券编码。下方的票价一栏，价格位置留白，后期可加盖5元、10元汉字大写或阿拉伯数字红色印章。深棕色的门票，中部照片采用黑白风格，凸显建筑的历史沧桑。右侧的底色与照片不规则过度，白色的中英文斜向放置。另有相似样

二枚一套的参观券，右下方的票价章有多种形式

常规参观券，“门票”的中英文斜置设计较为新颖

式的浅棕、深红二枚同版门票，将编码和票价栏置于底部。票券元素完备，兼具泼墨之法，怀旧影像与当代前沿设计融为一体，别出心裁，堪称佳品。

踏寻文化大师李叔同的足迹

2020年是李叔同140周年诞辰。李叔同是中国近代史上享有盛名的文化大师，也是名扬中外的佛学大师。他的诗词文章、书画篆刻、音乐戏剧造诣精深，又是将西方绘画、音乐、钢琴、话剧引入中国的第一人，开创近代中华文化艺术之先河。福建、浙江、上海、北京等地都建有李叔同——弘一大师纪念场所，浙江平湖和上海还辟有以李叔同命名的道路。

近代天津作为最早开埠的通商口岸，中西文化交融，文人雅士云集，对李叔同的创作生涯有十分重要的影响。为纪念这位天津本地的近代文化艺术先驱，市内多所机构和组织也开设了纪念李叔同的场所。大悲禅院的弘一法师纪念堂由著名学者龚望提议修建，20世纪50年代初建，1985年重建。天津市美术中学李叔同艺术教育馆于2018年落成，此处原址为李叔同学成归国后首次任教的直隶高等工业学堂。

李叔同故居纪念馆坐落于河北区海河东路与滨海道交口，2008年落成，2011年正式对外开放。总占地四千平方米，分为故居和园林两部分。故居由四组院落和48间房屋组成，呈“田”字形格局。内部复原了桐达钱庄、存朴堂、起居室、中书房、洋书房、意园等。不同的房间设置，从多个角度反映了李叔同青少年时期的成长印记。如洋书房中的钢琴，为当时奥国驻津领事赠予李叔同的兄长李文熙之物，后转赠给李叔同。这或成为李叔同在音乐方面杰出成就的启蒙之一。存朴堂为李宅会客之处，门前对联的联语为“惜食惜衣非是惜财缘惜福，求名求利但须求己莫求人”，展现了李氏一族惜福、节俭、自强的家风。馆内的《海河之子——李叔同与天津》主题展览，集中展示了李叔同在津期间的生活经历与思想动态。展品包含桐达钱庄资本单、李叔同祖籍考证资料、考课试卷和早期绘画作品。

小幅参观券，曾长期使用

目前在收藏市场中可见纪念馆两枚参观券，一枚票幅短小，设计风格与现时周邓纪念馆参观券类似。票的正面以白为主色，辅以棕色，左侧为存根栏。此票除必要文字信息外，无修饰元素。大幅的参观券，采用通用版式即左右两侧分别为存根栏和副券栏。副券栏上有一方“弘一”字样印章。主券位置为馆内园林位置的彩色照片。旧居原并无园林，2007 年在修建纪念馆时，特由苏州园林设计院设计建造。园林由太湖石假山、凉亭、人工湖、纪念亭等组成。园内绿植茂盛，和谐自然，再现李叔同在南方讲学时的江南水乡景色。在画面中心可见故居门楼，悬挂于门楼上的“进士第”横匾，显示了李氏家族曾经显赫的社会地位。此匾为清末重臣李鸿章所题，李叔同的父亲李筱楼为进士出身，后辞官经商，在天津经营盐业、钱庄生意。

据悉，李叔同故居纪念馆将对常规参观券进行改版，新券存根栏移至右侧，正面为园林景色的正片叠底效果，中间有馆名和“参观券”的中英文及机构标志。背面增加了周边旅游景点、交通指南等内容。此外，将推出的“四时花卉”特种门票，票面元素取自馆内种植的玉兰、杏花、桃花、鸢尾、睡莲和菊花六种花卉，在春节、花朝、端午、七夕、中秋和重阳六个传统节日期间限量发行。收藏爱好者们可凭收集的珍贵门券，参与馆内不同的优惠活动，一举两得。

1990 年李叔同 110 周年诞辰之际，坐落在河北区宙纬路的李叔同书法碑林落成。这座精巧的传统园林式建筑，占地六百余平方米，院内四周

大幅参观券，图中为园林风貌

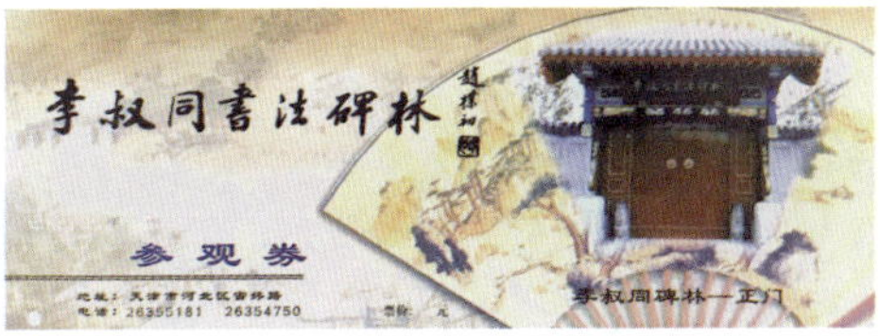

李叔同书法碑林参观券，背面有景区介绍

墙上镶嵌有墨色石碑，百米长的展线内，镌刻着李叔同一生各个时期不同风格的书法作品近百块，较为全面地展示了李叔同高超的书法艺术。启功、孙其峰、王学仲、范曾、龚望等书画名家为碑林书写了作品，院内坐像为天津美术学院教授王之江所塑。一枚浅黄色的门券，由国画和扇面作为背景衬托，右侧的朱漆大门正面照可见上方悬挂中国佛教协会会长赵朴初题写的匾额。除地址、电话等信息外，票价一栏留白，可后期加盖或书写。白色圆点作为检票打孔印记，被放置在左下角。背面的景区简介，文字繁体竖排，体现了碑林特色。

纪念馆介绍折页

跨越百年的邮政博物馆

天津开埠后，迅速成为北方经济中心和工商业重镇，加之毗邻京畿，全国性的政治、经济、军事和外交活动云集，加大了对信息快速传递的迫切性。此外，天津作为海陆联运的集散地和南北方河海运输的重要枢纽，催生了邮政业务的诞生。种种原因使天津成为中国近代邮政的发源地。

1876 年，海关总税务司赫德，请设送信官局，清廷总理衙门议定赫德主持仿照欧洲试办邮政。1878 年，天津海关书信馆率先收寄中外公众信件，中国近代邮政由此发端，至今已有一百四十余年。1880 年，天津海关书信馆改称海关拨驷达局，1884 年迁入新址。1887 年改为天津大清邮政局即大清邮政津局。后因邮政业务脱离海关、中华民国成立等因素，从 1899 年起，此机构改为天津邮政总局、天津副邮政总局、天津邮政分局、直隶邮务管理局。1915 年，迁至老龙头火车站旁新局房办公。

天津在当时作为全国邮务管理中心和邮运组织中心，在邮政史上创造了众多“第一”，包括我国第一个邮政机构海关书信馆、第一个邮政公告《五一公告》、第一条邮路津京骑差邮路、第一个邮政代办机构华洋书信馆、第一套邮票大龙邮票、第一长度的陆上邮路“万里邮路”，等等。2016 年发行的《中国邮政开办一百二十周年》纪念邮票之中，首枚画面即采用大清邮政津局为背景元素，展现了百年邮政的历史画卷。

大清邮政津局大楼是我国现存唯一的清代邮政局房，现为天津市文物保护单位和特殊保护等级历史风貌建筑。建筑为二层砖木结构加地下室，是欧洲古典主义风格和中国传统砖雕工艺相结合的仿罗马式建筑。外立面采用传统青砖砌筑并辅以各种造型砖雕，扁券门窗的连续设计，凸显规整协调。因其坐落于解放北路与营口道街角，建筑平面呈 L 型，南端拐角处的八角楼可谓匠心独运。八角楼造型独特，面朝八面，似有邮政业务四通八达之意，与对面的原中法工商银行大楼的大弧度转角同为建筑拐角设计的典范。

鉴于它的历史地位和建筑特色，来新夏先生曾评价道：“在卫城、老街先后消失的情况下，无疑它已是天津独一无二的文化标志。”该楼作为我国近代邮政发端的重要见证，已开辟为天津邮政博物馆，并于2010年对外开放。天津邮政博物馆是全国首家邮政博物馆，内设“邮驿与其他通信组织厅”“集邮厅”等展厅，展览从时间跨度上分为古邮驿、近代邮政、大清邮政、中华邮政、人民邮政五个历史阶段。珍贵藏品包括秦皇古驿道车辙石、一分银、三分银和五分银的整版大龙邮票、总理衙门实寄封、万里邮路上曾使用过的运邮马车，此外还有“全国山河一片红”、整版庚申猴票以及数百枚百年明信片等。展览覆盖天津邮政的百年变迁，展现了独特的邮政文化魅力。

天津是最早出现集邮活动的地区之一，与之相关的邮票、信封、明信片等邮品种类丰富，林崧、黎震寰等邮坛名家享誉全国，集邮组织和著述影响深远。天津邮政博物馆发挥自身特点，发行双重功能的邮品型门券，为集邮爱好者和票证收藏家拓展了集藏领域，增加了票券的收藏价值。邮品型门券有信封式和明信片式之分，明信片式门券可粗略分为两类。不带邮资的明信片款式，如平津战役纪念馆就曾在2002年“北京地区博物馆通票”中设有此种款式，为第一类。第二类为《牡丹》《映日荷花》《马踏飞燕》等普通邮资明信片款式，其中《马踏飞燕》款数量最大，收藏圈称“马片”，遍及全国。对游客尤其是外地游客而言，可在参观景区后，将明信片式的门券投入附近的邮筒寄给自己或亲朋好友，更大程度地增加了门券的使用价值和留存意义。

目前在收藏市场上可供交流的天津邮政博物馆门券，有近十种。这些明信片式门券主图皆为建筑的外景照，一些集邮爱好者，将这些门券制作成极限片欣赏，增添了多重意义。小尺寸明信片版式，票面以绿为主色，突出邮政属性，照片用邮票齿孔框起。除照片外，辅以白色和紫色标注开放时间、票价、地址等文字信息，左下方有中英文馆名和大龙邮票图案。背

绿色的门票，颇具邮政韵味

面并非全部留白，而是用怀旧老照片风格内嵌作为背景，左侧有两段较为全面的博物馆简介，右侧可书写文字。票券整体设计清新时尚，色彩鲜艳，印刷精美，元素丰富而不杂乱。

另一类为可撕取的附片型门券。其中一枚正片带有某电视频道广告的门券，供邮寄通信使用，附片可由寄件人留作纪念。此外常规版式的门券，主券可邮寄，副券栏和存根栏可撕下，背面印有游客须知。如浅绿色的门券，是 2010 年 10 月 9 日第 41 届世界邮政日之际，天津邮政博物馆对外开放时启用的门券。另有 20 面值的讲解票，砖红色覆盖票券背景和建筑外环境，红色的大龙邮票图案斜印在建筑一侧，有印章之感。此票发行价格较高，且在收藏市场上一票难求，全品相的票券成交价格近 50 元。一枚淡黄色的门券，采用有历史感的淡黄色为背景，票幅更大，主图的右下角设计为翻页效果，画面更加生动，图中的建筑和天空同样用淡黄色渲染，展现的建筑外景更加完整。副券栏的背景印有画像砖邮驿图，这是反映古代邮驿的代表作品。票券的邮政韵味浓厚，版式大气，风格典雅，有较高的审美价值。

伍圆的门票，纸质较厚，印刷精美

中国邮政120周年极限片(1)

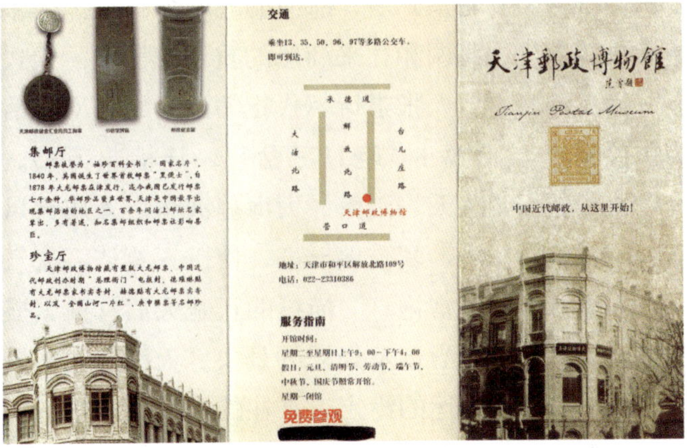

博物馆介绍折页，风格典雅

中国邮政120周年极限片(2)

佑护三津天后宫

天后宫，又称天妃宫、妈祖庙、圣母庙等，是纪念和祭祀护海女神妈祖的场所。妈祖生于北宋建隆元年（960），福建莆田人，出生后因弥月不啼，取名林默。她“生而神异，有殊相，能知人祸福，拯人急难”，盛传能乘席渡海，经常在惊涛骇浪中保护商旅渔民。北宋雍熙四年（987）在海上救助时献身，人们不愿相信她去世的事实，称她升天成为海神。在航海技术相对落后的过去，人们于海上出没，风险很大，妈祖渐渐成为航行者的精神支柱。后经海上贸易和渔业发展，妈祖的事迹也广为传播，自南宋绍兴二十五年（1155）封为崇福夫人开始，历代皇帝对妈祖逐步敕封，成为“天妃”“天后”，并于清康熙五十八年（1719）列入国家祭典。几百年来，天后宫不仅遍及大陆沿海及港澳台，在周边国家及海外华人聚居区如日本、越南、新加坡、马来西亚等地均有分布。与福建湄洲祖庙、台湾北港朝天宫并称为世界三大妈祖庙之一的天津天后宫，不仅是妈祖文化在北方传播的中心，也是天津历史发展见证和地方民俗文化的典型代表，素有“先有天后宫，后有天津卫”的说法。

天津的妈祖文化历久弥新，源于繁盛的河海漕运。元代建都大都（今北京）后，海河的三岔河口成为南粮北调和往来商船的重要集散地。元代诗人张翥诗《代祀湄洲天妃庙次直沽作》：“晓日三岔口，连樯集万艘，普天均雨露，大海静波涛。入庙灵风肃，焚香瑞气高，使臣三奠毕，喜气满宫袍。”描绘的正是天后宫前繁盛的漕运及祭祀的景象。天津是大规模海运的终点，来往的人们祈求航行平安，妈祖文化便广为流传。在天津历史上共有16座天后宫，其中最著名的两座，一座是位于大直沽的天妃宫东庙，后被八国联军战火所毁，现已建成元明清天妃宫遗址博物馆；另一座是位于三岔河口西南岸、古文化街中心的小直沽西庙，即现存的天津天后宫。天后宫在天津俗称“娘娘宫”，西庙始建于元泰定三年（1326），明永乐元年（1403）重建，是天津市区现存最古老的建筑。初称天妃宫，清康熙二十三年（1684）妈祖被晋封为天后，遂改名天后宫。农历三月二十三日是妈祖的生日，每年这时都要举行隆重的庙会，清乾隆年间更名为皇会，由此天后宫更具影响。天后宫在明清两代及民国时期均有不同程度的修建，1986年开辟为天津民俗博物馆并重新对外开放，现为全国重点文物保护单位、天津市文物保护单位和特殊保护等级历史风貌建筑。

天后宫建筑群占地面积约为5350平方米。传统庙宇一般是坐北朝南，而天后宫的主体建筑则坐西朝东，面对海河。究其原因，主要是为了方便在三岔河口附近船舶上工作的船工，可于航运繁忙而无法登岸的情况下在船上祭祀妈祖。依中轴线由东向西，主要建筑为戏楼、幡杆、山门、牌楼、前殿、正殿、凤尾殿、藏经阁和启圣祠。南北两侧设有过街楼张仙阁、钟鼓楼、碧霞元君殿、台湾殿、财神殿、关帝殿和元辰殿等。宫前广场上的戏楼为过街式，原为四方穿行的三面观戏台，上悬“乐奏钧天”匾额，每年皇会均有曲艺名角表演助兴，许多老艺人如程长庚、谭鑫培等，都以参加妈祖诞辰纪念的义务演出为荣耀。山门为传统布局的青瓦歇山顶式，门额为砖刻金字“敕建天后宫”，中间的圆形拱门内正上方悬挂“佑护三津”匾额，山门背面是“灵护万方”的砖额。山门后方在石台之上是飞檐斗拱式牌楼，正面中央为“天后宫”的竖嵌匾额，下方为“海门慈筏”，背面为“百谷朝宗”。牌楼后方的前殿，是天后宫的早期山门。殿内为护法神、加善、加恶、千里眼和顺风耳，前殿外部正上方匾额上书“三津福主”，后方为“普天同济”。正殿是天后宫等级最高的建筑，七檩单檐庑殿顶，整体为三勾连式，前接悬山抱厦，后接卷棚凤尾殿，正面悬挂“护国保民”“资生锡类”和“宇宙精灵”三匾，殿内供奉天后娘娘塑像，凤冠霞帔，雍容端庄。四名彩衣侍女捧印、抱瓶、执扇恭立两旁。上方悬挂匾额为“垂佑瀛壖”“盛德在水”和“万里波平”，表达人们对娘娘的歌颂和美好愿望。

从天后宫重新开放至今，门券款式超过十几种，它们独具时代特色，

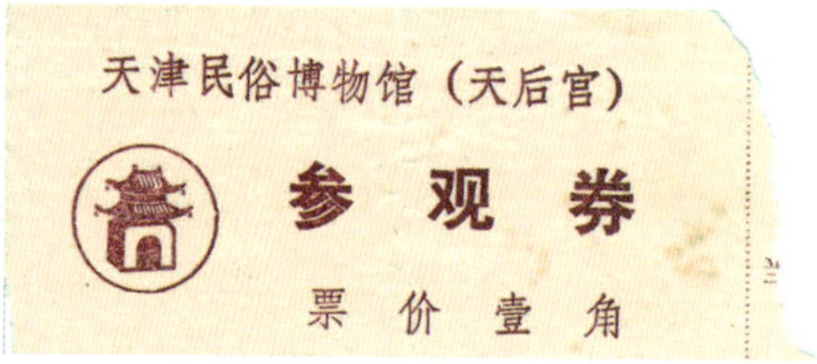

早期壹角参观券，设计简约

设计典雅，印刷精致，是值得收藏和研究的门券种类。初期使用一角票价的白底红字小幅门券，单色印刷，右栏为副券，票面除必要文字外无过多修饰，左侧的圆环中有钟鼓楼的简笔图案。随后发行过一款红白搭配的五角门券，票面左右两侧为存根和副券栏，中部为红底，下方有一条绿色横

早期伍角参观纪念票

线贯穿票面，上有颇具时代性的美术字和山门的正面简图。此后发行的横版门券如明黄色五角券、红色及蓝紫色三元券，多按照此设计，即在门券正面左侧展现山门前景，右侧及背面印刷导览图、景点介绍、联系方式和

背景为雪景的参观券，票价陆元

地址等信息。较为新颖的一张蓝色横幅六元门券，展现了雪后天后宫的全景鸟瞰图，屋顶和灯笼蒙上白雪，院内静谧又不失生活化，有人游览，有人打扫，十分生动。

除上述常规门券外，天后宫还在一些庆典活动中发行过几种特殊门券。其中包括2001年发行的百龙壶

大幅外宾券，信息丰富

对联邮资门券、2007年春祭大典背胶门券、2009年百子贺春灯会参观券等。另有一款竖版门券，较为难得。门券以蓝色印刷，正面为正殿中天后娘娘塑像的彩色照片，背面有盘龙印章和文字简介，其余部分均由繁体中文和英文双语展现，由此推测此券在当时是供港澳台地区居民和外国游客使用的。烫金的“中国天津旅游”，凸显了天后宫作为天津城市形成与发展的历史见证，是海内外游客来津的必游景点。

每年天后宫都会举办隆重的祭祀活动，在继承传统民俗活动形式的基础上，突出展现了天津城市文化品位和影响力，增强与海内外华人的情感交流，带动文化旅游事业不断发展。妈祖的扶危济困、舍己救人的英雄事迹，体现了中华民族的传统美德。2009年，妈祖信仰被列入联合国教科文组织人类非物质文化遗产，标志着妈祖文化正式成为全世界人民的精神财富。

伍角参观券

2018年发行的门票，右侧配有津门故里牌坊图

两角加盖壹角章的参观券

明黄色参观券，山门外景图为最常用的票券元素

觉悟社门券存史迹

2019年是五四运动100周年纪念，天津是最早响应五四运动的城市之一。1919年9月16日，天津学生联合会与天津女界爱国同志会的进步青年骨干周恩来、邓颖超、马骏、郭隆真等人，成立了革命社团觉悟社。觉悟社对新思潮和不同政治思想进行深入研究，编辑出版《觉悟》，邀请李大钊、刘半农、钱玄同等知名学者演讲。同时，觉悟社站在革命斗争的最前列，成为当时爱国运动的先锋和天津学生运动的领导核心。以觉悟社成员为代表的爱国青年学生同各界群众一起，在天津革命史上写下了壮丽篇章。

觉悟社坐落于河北区三马路三戒里，原为民宅，建于清末民初。1984年，觉悟社旧址陈列馆正式开放。1985年更名为天津觉悟社纪念馆，后由邓颖超题写匾额。此地现为天津市文物保护单位和重点保护等级历史风貌建筑。

枣红色的参观券，搭配暗黄色的文字，对比鲜明

觉悟社现有基本陈列、复原陈列室、辅助陈列室、临时展厅、女星社基本陈列展览和觉悟园等参观区域。基本陈列分为序厅、“奠定基础——经受五四风暴的洗礼”“觉悟诞生——寻索改造社会之途”“大浪淘沙——选择不同人生道路”四部分。复原陈列室曾为社员李锡锦家的餐厅，后成为觉悟社开展活动、探讨问题的场所。房间内布置了民国时期陈设以及社员们抓阄用的铁盘和纸阄，再现了当年活动的场景。重要文物包括周恩来留法期间使用的公文包、“为国牺牲”纪念章、天津学生联合会职员证章、天津女界爱国同志会证章，以及社刊《觉悟》。

建馆初期，觉悟社曾使用过面值

早期伍角参观券，风格古朴

为一角和五角的横版参观券，两枚票券版式类似。一角券以青、白双色搭配，左侧为纪念馆入口的简笔图案，主、副两部分均有数字编码。五角券以白为主色，中部为红色宽幅条纹。与一角券相比，左侧的入口图案稍显细长且有金色填充，图案外环绕有觉悟社的英文名称，此类元素在天津早期票券中较为少见。五角券设计更为精美，古朴而典雅，收藏市场的交易价格为二十元左右。

大幅参观券，与邓颖超纪念馆参观券同版

20世纪90年代开始，觉悟社开始使用宽幅彩色参观券，纸张光滑，印刷清晰。此券中间有竖线分隔，分为左右两部分。左侧为入口照片，右侧背景为暗黄色渐变，上方为馆名，中间的红色“参观券”文字较大。下方为地址、电话及赞助企业信息。1994年，纪念馆开辟了录像室，播放《我们的邓大姐》《英才风华录——邓颖超》等电视专题片，为此发行了单色的小幅录像入场券，时间栏由工作人员手填，并在右侧加盖使用说明章。

在觉悟社成立80周年之际，纪念馆发行了一套四枚的参观券。此套票券不区分主、副券栏，验票采用打孔方式。左侧为馆内不同展厅位置的照片，右侧仍为票券的基本信息，中间偏下印有票价及套内编码，背面为繁体竖排的觉悟社社歌。此套票券史料价值丰富，存世量低，凑齐一套更为困难。此外，在2004年，为纪念邓颖超一百周年诞辰，纪念馆发行了一枚纪念参观券，背景照片采用怀旧风格，左侧为青年邓颖超照片。

1994年，为纪念邓颖超90周年诞辰，邓颖超纪念馆在觉悟社旁建立，并将邓颖超青年时代在津创办的女星社旧址迁移至此。女星社成立于1923年，是在觉悟社停止活动后，以邓颖超为代表的青年进步分子创办的革命进步团体。女星社曾编辑《女星》，

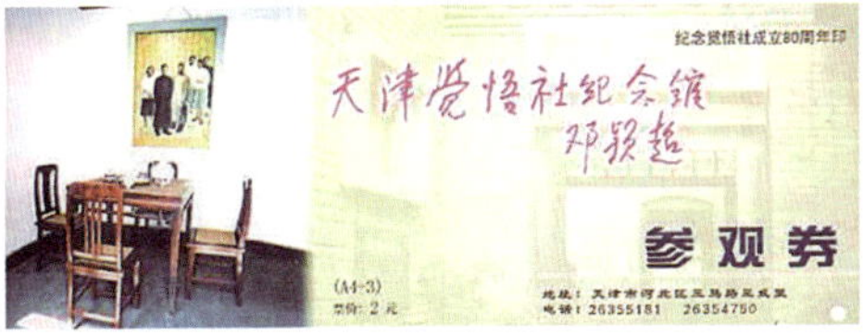

四枚一套的纪念觉悟社成立80周年参观券

并开办女星妇女补习学校，大力开展妇女解放运动，在国内产生了广泛影响。1998年，在周恩来邓颖超纪念馆建成后，邓颖超纪念馆移交了部分陈列物后闭馆。该馆因存在时间不长，留存下来的票券较少。其中一枚早期参观券，与上文所提的觉悟社宽幅参观券采用相似版式，票券上的地址和电话信息亦与觉悟社参观券一致，由此可见二馆当时或为同一单位。另有一枚参观券，左侧为著名雕塑家潘鹤雕刻的青年时代邓颖超半身铜塑像，高1.2米，曾放置在邓颖超纪念馆正门中央。背景为蓝、白、黄三色拼接，简洁明快似有海河河水流动之感。除“参观券”三字外，其余文字信息均为繁体中文。票券设计大方，主题突出，具有较高的收藏价值，实属早期全彩印刷工艺票券之精品。

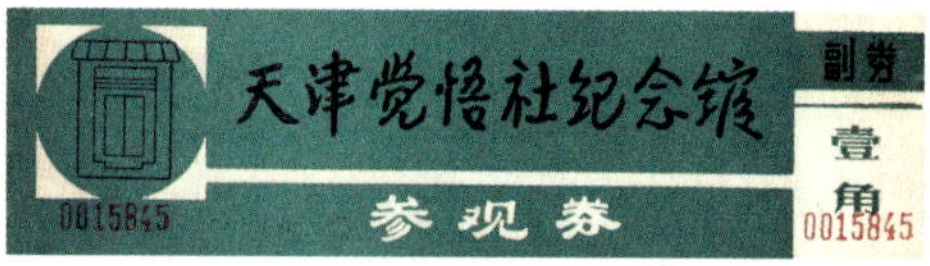

壹角参观券，与红白搭配参观券同时期

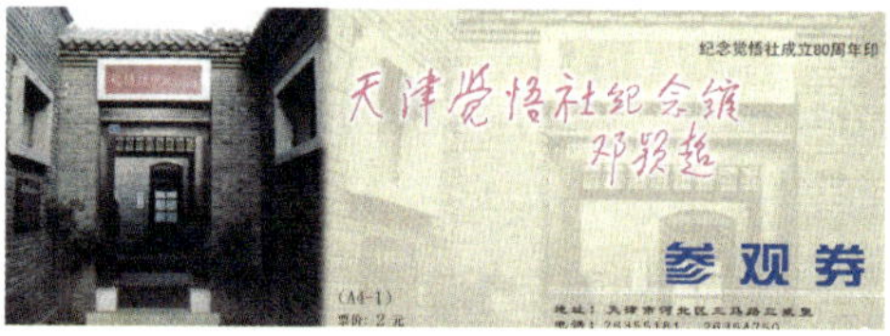

纪念觉悟社成立80周年参观券

邓颖超纪念馆参观券，因开馆时间不长，存世量小

紫红相间的参观券

吕祖堂中的义和团史迹

在天津市红桥区芥园道与怡华路交口，有一座清幽雅致的道教庙宇建筑群，是天津义和团吕祖堂坛口遗址。吕祖堂始建于明代宣德八年（1433），最初为永丰屯屯中祠堂。清代康熙五十八年（1719）改建为吕祖堂，成为供奉八仙之一“纯阳吕祖”吕洞宾的道观。吕祖堂后经乾隆六十年（1795）、道光十九年（1839）和民国九年（1920）等多次修葺，渐成现在规模。光绪二十六年（1900），义和团运动在天津兴起，乾字团首领曹福田率领千人，在吕祖堂设立总坛口。1985年，吕祖堂进行全面修缮，成立天津义和团纪念馆，并于1986年正式对外开放。现为全国重点文物保护单位、天津市文物保护单位、重点保护等级历史风貌建筑和爱国主义教育基地。

义和团运动是清末以农民和破产失业的城乡居民为主体的反帝爱国运动。1898年，义和团首领赵三多在山东冠县首举义旗，提出“扶清灭洋”的口号，揭开了义和团运动的序幕。因义和团声势浩大又多得民众支持，运动规模逐步扩展至华北、东北各省。各地义和团纷纷进入天津，吕祖堂位于南运河南岸、城厢以西，地理位置重要，且周边劳苦民众聚居，群众基础较好，乾字团首领曹福田便将此处设为总坛口。院中五仙堂作为坛场，备桌椅香案，成为议事厅。坎字团的首领张德成、红灯照首领“黄莲圣母”林黑儿和乾字团的刘呈祥等，经常来此拜坛议事，与曹福田共同商讨对敌策略。鏖战老龙头火车站、攻打紫竹林租界和天津保卫战的退敌大计都是在这里拟订的。周围民众经常为团民送上“德胜饼”和绿豆汤，犒劳他们的英勇战斗。吕祖堂是义和团运动在天津重要的历史遗存，也是全国唯一一处义和团坛口遗址。

吕祖堂建筑群坐北朝南，建制完整。主要建筑为山门、前殿、后殿和五仙堂。山门为悬山顶，面阔三间，前檐正中悬挂白底黑字“吕祖堂”匾额。前殿为卷棚硬山顶，面阔三间，上方悬挂蓝底金字“纯阳正炁”。“炁”通“气”，道家认为炁为先天元气，以区分后天之气。殿中为复原陈列，供奉吕洞宾及两名弟子塑像，介绍了吕祖堂的历史沿革、道教知识和八仙简历，并陈设了钟鼓和幔帐。下方摆放黑底金字“道法自然”匾额。后殿面阔五间，硬山顶前接悬山抱厦，形制独特。前檐上书“道观三乘”匾额，殿内为义和团运动史陈列，迎面设有曹福田的半身塑像。展览以图文与实物结合的方式，详细介绍了义和团发展的全过程。陈列的文物包括绣有不同八卦图案的义和团团民服装，使用过的兵器、乐器等。

西跨院中的五仙堂，原供奉是全真道北五祖，即王玄甫、钟离权、吕洞宾、刘海蟾和王重阳，现陈列的是天津义和团四位首领议事的复原场景。前后殿及五仙堂前的空地，原为团民练拳习武的场所，现摆放团民曾经使用过的大刀，以及形似哑铃、杠铃的石器，其中形状像哑铃的是石锁，类似杠铃的是石砘，皆沉重异常，可见当时团民训练强度之高，能力非凡。

此外，在院内东侧和北侧墙壁，设有红桥区碑碣石刻展览，集中陈列了清代到民国年间碑碣五十余通、石刻三十余件。其中包括华世奎题写的海货店“隆昌号”、王寿彭题写的“燕菜庄”匾额，还有“保障一方”功德碑、芥园水厂界碑等。

为响应国家文化惠民政策，天津义和团吕祖堂坛口遗址——天津义和团纪念馆现凭身份证免费入馆。与天津博物馆、鼓楼博物馆等免费开放场馆不同的是，天津义和团纪念馆现阶段不再发放门券。售票时期，天津义和团纪念馆门券数量不多，目前在收藏市场上发现四种。两枚年代较近的门券，设计风格类似，其中一枚为深紫色，正面左侧为吕祖堂山门的彩色照片，除山门前广场地面外，与现状

紫红色参观券，左侧照片为山门外景

相比变化不大。票面修长，元素齐全，属中规中矩的门券设计布局。另外一枚门券为浅蓝色，左侧照片为在后殿

纪念义和团运动一百周年参观券

展览中的曹福田半身塑像，上方印有红色的“1900”“2000”字样。此票是为纪念义和团运动一百周年发行的纪念门票，使用时间较短，收藏价值较高。

有金色线描和黑色篆书的参观券，
右侧应有副券栏

天津义和团纪念馆建馆初期的两枚票券，其中一枚门券为紫红色，正面中心为古建山门的金色简笔画，下方为黑体篆书“天津义和团纪念馆”字样，背面印有景区介绍和贰角、伍角等红色票价章。门券设计简洁醒目，古色古香，在早期门券中独树一帜，让人记忆深刻。后期一枚橙色门券，颇有特色。票面中部为橙白相间的祥云图案，中部楷书“天津义和团纪念馆”为天津著名书画家梁崎题写，其余字体采用繁体隶书，印有“参观纪念”和吕祖堂当时的地址——天津市红桥区如意庵大街吕祖堂前街。左侧为山门的“低像素”正面照片，现在看来虽然不甚清晰，但时代印记明显，“老票”韵味十足。由图可见，当时山门上方没有悬挂匾额。背面主券栏印有赞助商广告，副券栏印有景区简介，可谓一举两得。

2005 年，在天津义和团纪念馆门前广场西侧新建了一尊义和团群雕铜塑像，下方镌刻着周恩来对义和团的评价：“1900 年的义和团运动是中国人民顽强地反抗帝国主义侵略的表现。他们的英勇斗争是五十年后中国人民伟大胜利的奠基石之一。”义和团运动不但粉碎了帝国主义列强瓜分中国的计划，而且沉重打击了清政府的统治，加速了它的灭亡。义和团运动虽然失败了，但壮士们不畏牺牲的英雄气概和反抗侵略的爱国精神，永远值得人们怀念和学习。

早期参观券，上有书画家梁崎题写的馆名

第二辑

风景名胜类

SCENIC SPOTS

水上公园景色美门券多

公园，是园林发展到近现代的公共形态，是市民休闲娱乐的重要场所，是人与自然和谐共处的优质载体。水上公园位于天津市区西南部，是重要的大型公园和自然景观。此处原名“青龙潭”，旧时芦苇茂盛、野趣横生，夏秋时节皆有游人乘船纳凉。1950年，水上公园开始修建，1951年对外开放。因其以水见长，水陆交融，回廊亭榭，一步一景，颇具江南水乡风格。著名红学家周汝昌曾诗赞：“六云双翠九瀛洲，落落亭台树影浮，千顷湖烟笼弱柳，何须艳说瘦扬州。”1991年以“龙潭浮翠”被评为津门十景之一，2004年被评为国家AAAA级旅游景区。2009年，水上公园以“北方西湖，水上四季”为主题，进行大规模提升改造并免费开放，形成了“三湖五岛”的总体布局，营造出明清园林的特色风貌。

水上公园作为全市规模最大的综合性公园，辐射范围广、功能区域多，承载着几代市民的成长足迹。在纸质印刷品流行的时代，经常可以在笔记本内页、明信片、地图和游览书籍封面见到各种角度的园内景观。不同品类和年代的票证在全市同样首屈一指，加之从纸张材质、印刷工艺、设计风格、细节区分等方面的丰富体现，可以管窥票证的时代特色和发展变化，成为公园类票证收藏专题的典型代表。另一方面，鉴于时间跨度和稀有程度等因素，使上水上公园票证在收藏市场中的成交价格从数元到数百元不等，类似情况在门券类收藏中并不多见，加大了圈内对某些票证的追捧。根据不同功能粗略区分，水上公园票证可分为八类。

第一类是常规类门券，如早期面

2004年发行的发票式门票

值五分的薄纸门券，版式如早期食堂饭票，票幅较小，仅有必要文字印刷。年代较新的有发票型的绿底门券，主券中心为公园的航拍图，视野开阔，印刷清晰，重要景色纳入眼底，此外运用计算机拼接技术，水天一色，凸显自然和谐，票券背面为公园简介和游览示意图，较为实用。可见装订线的完整票券，收藏价格可达十元以上。

1986年天津市第二十六届菊展门票

第三届中国盆景评比展览参观券

月季花节入园券

第二类是活动展览券，最知名的菊展入场券，历届版式基本一致，仅有些许差别。类似票券还有天津市月季花节券、第三届中国盆景评比展览券等，采用传统横版，右侧附有月季花和盆景的简图。

第三类是游艺器械类，此类票券款式较多，有单一项目券和游艺套票，此外还有价格券，可游玩对应价格的多种项目之一。

游乐园空战机游玩券

20元的儿童游艺套票，可游玩不同项目

第四类为划船券和龙舟游览券。划船券多见早期，为数角面值。龙舟券目前可见红、绿等色，不印刷面值，通过加盖金额章进行消费。

第五类为月票、年票类，与公交月票类似，适用于经常参观和晨练的市民，多为硬纸卡式，粘贴相片和票券。

海洋球馆壹元入场券

第六类是内部景区参观券，如万佛岛、海洋球馆、盆景园、碧波庄。碧波庄的竖版票券设计迥异，蓝色线条简图加红圈点墨，上有幡旗飘动，似有连环画风格。

1984年国庆游园联欢票，同套多枚

第七类为国庆游园联欢票。水上公园多在国庆期间，承办游园联欢活动，在此期间发行特殊票券。此类票券版式类似，采用大尺寸双色印刷，文字信息仅为“国庆”“游园联欢”等字样，不设票价，当时多向企事业单位职工发放。某些票券在同一年份中，有颜色差别，代表国庆期间的不同时段，如1984年联欢票，目前可见三种颜色，分别为浅绿、墨绿和大红色。绿色可代表公园的自然属性，红色可衬托节日的喜庆气氛。画面左侧为水上公园标志性建筑眺远（园）亭的简笔画，清新淡雅。票券构图简洁大气，印刷精美，具有高水平的时代特色。此类票券市场交易价格高，20世纪七八十年代的收藏价格在单枚百元以上，堪称天津公园类门券的龙头。

恐龙图腾艺术展参观券

第八类为水上公园和动物园的联票。此种联票形式新颖，一般联票或套票为多枚或本票样式，单枚票券出入两处景区尚属鲜见。从动物园成立之初，就与水上公园发行联票，最早可见小幅单色的一角门券。多年内，发行了多种以水上公园景色和动物搭配构图的横版票券。画面中有水有楼，有草有树，熊猫和梅花鹿生活在其中，融汇了两园的特色。

神户园入园券，天津与日本神户是我国第一对友好城市

门券上的天津动物园

动物园，是饲养各类动物并向公众开放的场所。动物园的雏形可追溯至古罗马文明时期，仅为皇家或贵族私人拥有。据考证，现存历史最悠久的动物园是奥地利维也纳的美泉宫动物园，于 1752 年建成。香港动植物公园 1876 年时，已开始饲养野生动物作为展览项目，为我国最早的动物园。后伴随近代化发展，人类对动植物的认知渴望不断加深，动物园逐渐由最初的观赏猎奇，发展为保育、科研、宣教为一体的机构。除传统动物园外，还有野生动物园、水族馆、动物主题公园，以及近年来新兴的商场动物乐园等不同类型。简要统计，国内以动物园命名为地铁车站的城市，有北京、广州、成都、重庆、台北等，可见动物园已成为人与自然和谐共生的重要社会元素。

天津早在 1887 年建成开放的英租界维多利亚花园中，便设置有展示多种动物的兽栏和水池。中华人民共和国成立后，人民公园、北宁公园等处均设置有动物区。1980 年元旦，天津动物园建成开放。天津动物园依托水上公园的生态氛围，风景秀丽，设施齐备，饲育专业，曾生活过许多明星动物，如中斯两国人民友谊的象征斯里兰卡象米杜拉。作为国内动物种类最多的动物园之一，天津动物园有包括国家一级、二级保护动物在内的各类动物二百余种，三千余只，2005 年被命名为全国野生动物保护科普教育基地，是亲近自然、放松休闲的优质景区。

水上之夜消夏节时使用的与水上公园通票

动物园票券属公园门券大类，元素取材于各类动物及动物生活环境照片。除一些稀有品种，绝大部分动物园票券市场交易价格不高，可以较快形成收藏系列，既可与本地其他公园类门券共同研究，又可与全国各地的动物园票券进行横向对比。因动物园游客中有相当数量的青少年人群，票券设计风格多采用卡通样式，凸显动物的可爱。天津动物园场馆广布，票制多样，票券较为丰富，大体可分为以下几类。

票价10元，加盖“门票5元”章的门票

第一类为常规门券类，如主图为恐龙广场、老虎、大熊猫三幅照片拼接的门券，有黄、蓝二色，分别为15元和20元票价所设。香芋色的定额发票式门券，主图背景有大熊猫、孔雀、老虎等动物的单色照片剪影，使用时加盖日期戳。近年来还发售了纯卡通造型的门券，草地上各种动物围在一起，好似主动合影。右侧副券位置留白，出票时打印票种、票价及检票二维码等信息。

第二类为场馆票类，公园及游乐场中内设的各类收费项目，通常会单独发售场馆票。天津动物园的熊猫馆和狮虎山，曾有面值为1元和2元的竖版票券，主券中有大熊猫和老虎照片，辅以竹林和岩石为背景。此类票券还包括鸟语林、三洽园入场券，驯兽表演券等。

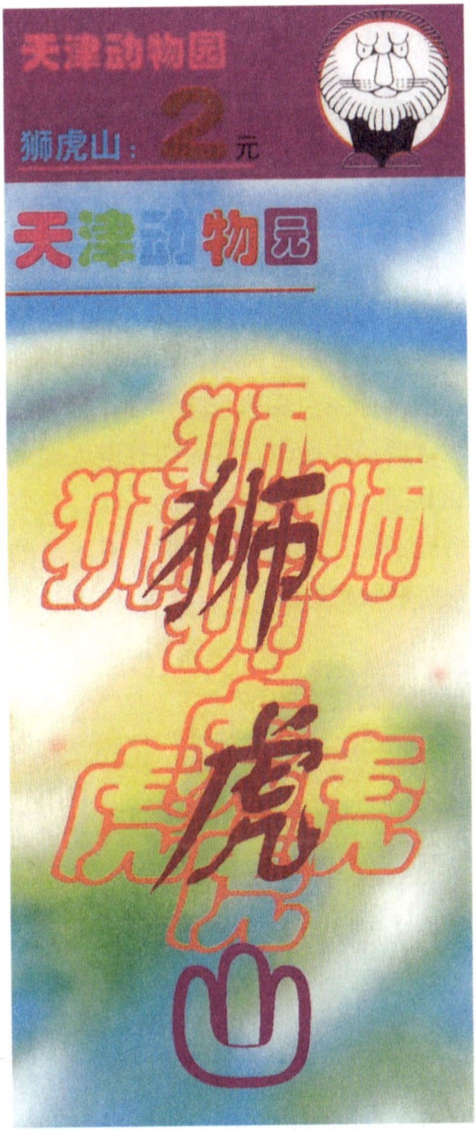

2元的竖版狮虎山观赏券

第三类为园中园通票，如招待券。此票版式与其他票券类似，大幅彩色

招待券上有不同景区的标志图，实用性强

印刷，主券中间为标志性建筑森林城堡造型的东门照片，上方点缀有七枚圆形图案，内有灵峪、栖瑰馆等场馆的图文标注，表示凭此券可在园内参观这些动物场馆。背面印有游人须知和景区示意图。此券布局巧妙，色彩搭配活泼，亮点呈现清晰，有一定的观赏和收藏价值。

5元的卡通游乐园游艺票

第四类为游艺器械类。卡通游乐园也是天津动物园中的重要项目，此类票券围绕各类游艺器械，有多种面值的票种可供游客购买。某一面值对应一种底色，易于区分，并且将该面值可游玩的项目名称用方框标出，便于游客选择和工作人员检票。一款竖版游艺套票，背景为卡通火车头，票券中分隔出十枚副券并标注序号，表示此券可在规定范围内任选乘坐。

手腕式动物园、水上公园联票

第五类为联票，指动物园与水上公园的联票。除旅游年卡外，单枚票券可供不同景点共同使用的情况并不多见。这些场馆或性质相似，或距离较近，发行联票可以起到优势互补的作用。杭州的章太炎纪念馆和张苍水先生祠就曾发行过2元的参观联票。从建园之初，动物园就与水上公园共同发行联票，多年来不同样式的联票有十余种。其中一枚联票，颇有特色。此票为手腕式，游客购票后将票券两端粘贴并佩戴在手腕上，不易丢失。国外某些大型主题公园对于需要临时出园的游客多发放此类手腕式票。此票虽票幅狭长，但票面内容同样丰富。蓝色的背景中，印有两园的中英文名称和代表标志，右侧有摩天轮和猩猩造型的简笔画，下方配有双排五角星作为点缀。票券款式新颖，简约而不失精致，在收藏市场上难得一见。

丰富多彩的游乐往事

位于河西区的天津文化中心，从20世纪50年代后期开始，曾是尖山公园。尖山公园没有围墙，黄土为路，草木丛生，水面辽阔，湖岛相间，颇具野趣，成为周围居民休闲垂钓之所。1984年，对尖山公园原址进行改造，于1985年6月1日建成天津市青少年儿童活动中心并正式对外开放。园区占地55万平方米，四周分别为隆昌路、平江道、越秀路和乐园道。游乐场内最初配备17项游乐设施，全部由日本引进。1992年天津市青少年儿童活动中心加入国际游艺机游乐园协会，1994年开始启用“天津乐园”名称。2009年因建设文化中心，天津乐园结束营业。

天津乐园在承担青少年校外教育的同时，也是天津最早的专业游乐场。改革开放之前，真正意义上的游乐场还未在我国普及，小型儿童游乐设施大都设置在公园内。在后来的城市公共场所建设中，逐渐有了公园与游乐场的区别。公园以静为主，突出自然环境的怡情养性，而游乐场更注重以游乐设施为载体的游客参与性。第一批专业游乐场形成于20世纪80年代，除天津乐园外，在全国范围内具有代表性的还有北京石景山游乐园、上海锦江乐园、广州东方游乐园等。天津乐园因其地理位置优越、规模宏大、游艺设施种类丰富，吸引了各年龄段的游客。它不仅是青少年结伴游的乐园，还是家庭亲子娱乐、情侣约会和老年人晨练的好去处。

国庆游园联欢票，左侧有标志性不锈钢雕塑

作为全市公园、游乐场中票券最为丰富的一员，天津乐园的票券大体可分为入场券和器械券两类。入场券即门票，包括常规款式的门票，票面多以北门作为背景。如建园初期的粉

早期的五分入场券，下方是乐园的北入口

色薄纸单色印刷的入场券，“场”字使用异体字，面值为5分。后有一枚门票采用全彩印刷，背景为北门、不锈钢雕塑和摩天轮的照片，上方印有邓颖超题写的名称。值得留意的是，票券背面印有30个游乐项目名称，设施的丰富性在当时的天津首屈一指，具有一定的史料价值。最常见一款20世纪末的门券，竖向宽幅印刷，背景为纯蓝色，代表蓝天，中下部的画面被包裹在云彩中。正面主要图案为儿童水粉风格的部分游乐设施鸟瞰简图，包含摩天轮、旋转木马顶棚、游船，还有相邻的天津科学技术馆。上下部分别有“天津乐园”和“入园券”的繁体中文和英文字样。此枚门券目前发现有两个版别，其中一款不印刷票价，背面为游客须知；另一款主券栏下方印有票价，背面为赞助商广告。

入场券还包括活动类入场券。从建园初期开始，天津乐园在每年特定时期常要举办彩灯庙会、消夏晚会和艺术展会，在此期间使用特殊入场券。如1997年彩灯庙会票，在票面中心印有24米长的大型龙舟灯，它是当年庙会最大的看点。票面设计喜庆，烘托出庙会期间文艺表演、焰火燃放、灯谜竞猜的热闹气氛。艺术展会票中，较有特色的是1998年的恐龙雄风大型仿真艺术展券，竖向票面，以绿为主色，中心位置为一头恐龙的面部特写。恐龙眼睛盯向左下方的蜻蜓，张开血

常规入园券，设计元素凸显娱乐主题

恐龙雄风大型仿真艺术展入园券，印刷清晰，形象逼真

1998年豪华秋千竖版乘坐券

盆大口，好似要立刻捕获蜻蜓，印刷清晰且画面生动，令人印象深刻。参观此次展览的游客，大都将此枚票券珍藏，多年后提及展览，记忆犹新。

青年套票，围绕在主券周围的小幅副券最具特色

天津乐园的器械券不仅种类繁多，且每项游艺器械票均单独设计。早期票中有一类异型票，经撕取使用后呈等腰梯形，票面右下方和中部为票价栏和项目名称，其余位置根据项目不同绘有该项目的游玩状态铅笔画。例如碰碰车票，画面中印有两名驾驶碰碰车的小朋友正在碰撞的激烈画面；再如丛林鼠票，则描绘小朋友在轨道下坡加速时的兴奋表情……另有横向票券两款，背景均为阳光放射状彩虹图案，左侧设计项目游玩简图，一种票面中间印有项目名称，另一种印有英文大写字母及纪念券字样，在特定时段内限量使用。后期除动感世界镜宫、峡谷漂流等新项目外，其他项目使用竖向票券，也是收藏市场上最常见到的品类。后期器械票单张主券的交易价格在 5 元上下，虽然单价不高，但器械种类繁多，如果能将票券凑齐，也是需要磨炼耐心的。

除上述票券外，天津乐园还有不同款式的筑波游泳场入场券、演播厅入场券和晨练入园卡等。有一类精美的游玩套票，设计独具匠心。此票目前在收藏市场上可以见到红色儿童套票、香芋色成人儿童套票和蓝色青年套票三种。画面中心根据不同角色，绘有欧美漫画风格图案，人物在乘坐大虫转车或过山车等器械时，表现出喜悦神情。票面不仅在游客类别上有所区分，更特殊的是在主券栏下方和右侧设置小型多副券栏。每枚副券印有项目名称及票价，并与主券由折叠痕连接，便于撕取。一方面在游玩过程中可根据票面灵活掌握游玩顺序；另一方面游玩结束后，主券栏又独具完整性，有很高的观赏和收藏价值。

早期电瓶车乘坐券，全票为三角形，使用后变为梯形，在全国范围内较为罕见

宁静致远票上观

北宁公园，也称宁园，其前身是种植园。清光绪三十二年（1906），直隶总督袁世凯委派实业家周学熙在北站以东的荒地修建官立种植园，借此推行北洋新政，改良土壤，种植新品作物。园内建有植物研究所，是天津第一个新型植物科研基地。研究所力图改良农业生产方法，倡导机械化农业，定期聚集工业和植物学方面专家进行学术交流。民国三年（1914），更名为直隶农事试验场。为补贴日常开支，试验场每年入夏有偿向游客开放，修建游廊和茶座，陈列并介绍园中产品，一举两得。在此期间，场地还被直隶实业厅公署、直隶工业试验所、直隶水产学校等单位使用。

民国二十年（1931），北宁铁路局利用开滦矿务局违规运输所罚50万元，将园地购得并加以整修，利用地形条件叠石成山，新建古典建筑亭台楼阁若干，辅以长廊曲径点缀湖水，使之正式成为铁路公园。园名参考诸葛亮《诫子书》中“非宁静无以致远”一语，取名宁园，也有“北宁铁路公园”的简称之意。而毗邻的河北第一博物院与宁园面积相加达四百亩，经历年修建，规模可观。一时间山水环绕，枝繁叶茂，游人不绝。七七事变后，宁园大部分被日军侵占，成为军事用地。抗战胜利后，宁园恢复对外开放，但因饱经战火，草木凋敝，破败不堪。中华人民共和国成立后，宁园经过历次整修和扩建，在保证原有风貌的同时，建成畅观楼、叠翠宫、花展馆、北宁影院、致远塔等建筑。2010年，河北区对北宁公园实施提升改造工程，拆除原有违建，引活园内

消夏晚会优待入园券，纸质如同早期饭票，使用时需撕取

古色古香的入园券，背面有游园须知

水系，改造和修复桥梁及建筑几十处，重现了百年名园的历史风貌。

经过百年变迁，宁园现占地约为57公顷，南北分别与中山北路、育红路相邻，西侧部分由京津城际铁路占用，整体近似梯形。山水是园林之魂，相较于其他公园，宁园最大的特点是水域分散而灵动，洒脱而不凌乱，形成既分隔又连通的清雅布局，并与不同风格的建筑和植被紧密结合，浑然天成。依照中国古代园林构造之法，园内叠山理水，架桥设廊，风格迥异，错落有致，让游客置身其中，既可环游亲水，又可登山望远，有移步换景、观览不尽之感。正如民国时期北宁铁路局局长高纪毅在建园碑记所云："异卉文石，错杂其间。小山蜿蜒，一水沦涟。泛舟而嬉，则绿波荡漾，游鱼可数；登山而望，则栝柏交柯，空碧爽肌。洵城市之山林游观之胜地。"

人文景观同样是北宁公园的魅力所在。如园林中部的宏观楼，楼如其名，兼有集会作用，古朴不失典雅，匾额由书法家启功手书。20世纪30年代，驰名本地的北宁国剧社开始在此排练演出，逐渐成为京剧票友活动的重要基地。叠翠山上矗立着革命烈士碑，以此纪念为解放天津英勇牺牲的革命烈士，碑名由郭沫若题写。西侧的湖心亭又称李公亭，坐落在窑洼地区的李公祠拆除时，亭子被移至宁园。这座徽式六角亭，红体灰顶，因处水中岛心，更具清幽之感。致远塔前一对粗犷健壮的石狮，不仅是精美的石雕艺术品，亦是珍贵的文物。石狮雕刻于金承安二年（1197），在河北内丘县出土，后被河北博物院征集而来成为陈列品。后因河北博物院搬迁，石狮被遗落在博物院原址附近不见踪影。20世纪70年代，石狮相继被找到，现安置在致远塔前。

不同种类的登塔券，是宁园的一大特色

登塔券和入园券，是北宁公园票券中最常见的品类。"宁静致远"的致远塔作为仿古高层建筑，历时五年，于1990年完工。塔靠近公园北侧，高约74米，九层楼阁式，平面呈八角形，钢筋混凝土筒式结构。塔在建成初期曾对外开放，登塔券成为票券中最特殊的一种。其中一张三色印刷，远方楼阁长廊作为背景，着黑色，填充票面边缘。塔身为绿色，置于右侧，周边底部覆盖绿色团形图案。中心空白处印有篆书红字“宁园致远塔”，设计简约明晰。另有一种入园券，独具匠心。为突出宁园的古雅风貌，票面主色为暗黄色，主体位置印有宽幅高清彩照，拍摄者站立桥上，秀兰轩、储香宫、纪念碑和致远塔等主要景观尽收眼底。为配合图片摆放，票身修长，四周辅以版画风格波纹图案。票券设计独到，收藏价值较高，实属佳品。

从收藏市场上来看，北宁公园的票券丰富，与公园本身老少咸宜的多种内涵及可赏玩度有关。不同种类的票券，风格差异大，除上述提及的致远塔券和门券外，还可分为两类，一是器械类使用券，例如绿、粉两色的水上大世界入场券，每张票券包含两栏副券，分别在入园和入场时使用。另有游船使用券，早期标注“二七公园”“天津铁路宁园管理处”的小幅船票及超时收据，由一角至五元，面值不等。二是活动入场券，较有特色的包括绿色大票幅庆祝中华人民共和国成立 40 周年的游园联欢券，蓝底繁体字版南开杯民间广场艺术邀请赛入园券，北宁公园第五届文化庙会赠券，小张整联的消夏晚会优待入园券等。此类票券通常使用时间短，使用范围小，相对难得。一些品相上佳的活动入场券，在收藏市场上交易价格可达 30 元以上。

城市公园具有净化空气、点缀环境和供公众游览赏玩的功能，也是彰显城市特色的一张鲜活的名片。每逢搭乘城际列车回津，窗外引人入胜的景色莫过于秀丽的北宁公园及高耸的致远塔。这座位于河北区的市内第二大公园，不但饱经沧桑，而且是我市现存最成规模、原貌保持最完整的近代公共园林。它曾与铁路结缘，更服务于广大市民。百年来，历久弥新的北宁公园以特殊的形式，拥抱绿色生态，承载城市文明。

1998年使用的水上大世界优惠入场券，右侧有双副券栏

五元的入园券，图中山水相连，波光粼粼

从荣园到人民公园

中华人民共和国成立后，万象更新，全国范围内许多城市如上海、广州、成都等，原先一些私家园林或公共场地通过整修改建后，被命名为“人民公园”。其中，天津的人民公园尤为著名。它坐落于河西区东北部，与水上公园、北宁公园并称天津三大公园。因其历史悠久，环境秀美，地理位置优越，在天津家喻户晓，是天津唯一被完全保留下来的私家园林，被誉为镶嵌在繁华闹市中的“绿宝石”。

人民公园的前身是清代津城盐商李春城的私家园林，名为“荣园”，附近百姓俗称“李善人花园”或“李家花园”。李氏家族在清代康熙年间由江苏昆山迁至天津，七世开始家道发达，其中李春城为同治恩科孝廉方正，官至刑部河南司兼管直隶督催所事务。李氏家族以盐业起家，在华北各地拥有大片引地，后开设钱庄、煤矿，因经营有道，跻身天津“八大家”。除老城里冰窖胡同的大宅院外，李家在全市范围内购置房地产上千间，且多分布在一些交通要冲。1930年版《天津志略》中描述荣园“为津人李善人家之别墅。李氏富而好义，勇于为善，建筑是园，聊为游憩之所。树木葱郁，丘壑幽秀，鸟语花香，颇饶逸趣，又有湖广数顷，植以芦苇……”至于为何起名“荣园”，并没有史料记述，顾名思义，应有繁荣兴盛的意味。

荣园始建于1863年，初期占地270亩。园内曲水回环、树木葱郁，

油印团体优待票，票中戳记可见当时公园归属市建设局

西北积土山一座，湖中设水心亭和曲虹桥。西南有小榭及养静室，与土山有碎石甬道相连。园中为咏诗亭，乃文人墨客雅集之所。李氏藏书，极为著名，有宋元版百余种、明钞本二百余种，存于东南院中藏经阁内。阁高四丈有余，朱漆门窗，古朴典雅，与高耸园中的中和塔遥相呼应。因李氏祖籍南方，故建筑设计及布局多有西湖园林之风格。四周以壕堑为界，沼湖中芦花最盛，锦鳞畅游，同时具有北方园林特色。可谓南北交融，浑然天成，美不胜收。

荣园建成后几经修缮，日臻完善，逐渐成为闻名遐迩的私家园林。这里不仅举办家庭宴会，后来还对社会名流开放，为文人学士提供景色优美、宁静祥和的雅集之所。周恩来在1917年东渡日本前夕，与同学前往荣园游览，并在假山下留影。清廷礼部侍郎陈宝琛、遗老文人郑孝胥，都曾游览荣园。晚清重臣荣庆在造访荣园后，曾赋诗云："名园三百亩，处处见桃花。流水疏枝映，微风嫩柳斜。依松含晓日，绕径看朝霞。艳说仙源好，而今在李家。"郭则沄创办的诗词团体须社，以及后来的梦碧词社，也在园中聚会酬唱。

1926年开始，李氏宝字辈后代十人开始分家析产，各立门户。荣园因无人经营、养护乏力，日趋荒凉。1936年，国民政府曾斥资整修了天津四处历史园林，并开辟为公园。第一公园是曹家花园，第二公园是中山公园，第三公园是原俄国花园，第四公园即为荣园。后抗日战争爆发，1943年荣园被伪新民会训练处租赁。抗战胜利后，1946年荣园成为天津私立育德学院所在地。天津解放前夕，国民党军队为修建战壕和防御工事，大量伐取园内树木，遂使饱经风霜的荣园变得更加破败不堪。天津解放后，李氏后人以李岐美的名义将荣园捐献给国家，人民政府接管后予以修葺，使之焕然一新，并于1951年7月1日正式对公众开放，定名为人民公园。

1954年，正值新中国成立五周年之际，张作霖之子、张学良胞弟、曾任国民政府天津市市长、时任人民公园管理所副主任的张学铭，委托中央文史研究馆馆长章士钊致函毛泽东主席，请他为公园题字。9月19日，毛泽东复函并亲笔题写了"人民公园"四个大字，镌刻在公园正门上方。这是毛泽东为中国公园的唯一题字。有天津收藏家曾经展示过他收藏多年的宣传画，正是生动描绘了当时天津人民庆祝为毛主席题写的"人民公园"挂匾的欢乐场面。

人民公园曾经是天津最大的动物

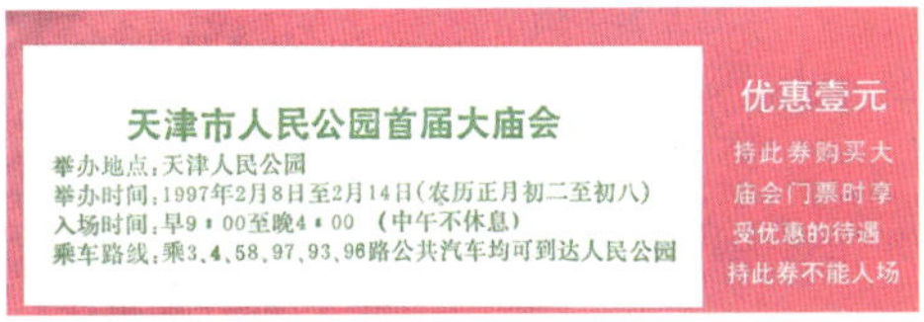

1997年首届大庙会优惠券，信息丰富

纪念碑揭幕典礼门票

常规大幅彩色门票，曾长期使用

园。在重新开放之初，人民公园便在新建的动物园中引进虎、熊、狼、猴等十余种动物。不到十年的时间内，已有动物一百余种、两千余只，成为天津规模最大的动物园。在此期间，该园与其他省市兄弟单位进行动物交换，举办动物巡回展览，工作人员还在饲养动物之余，将工作经验编写成册推广介绍。其中包括1956年的《天津市人民公园现有动物说明资料》，以及后来图文并茂的《动物简介》。此举不仅可以将动物的特征习性、饲养方法和繁殖经验推广介绍，还成为动物爱好者的普及读物。1980年，与水上公园相邻的天津动物园正式开放，人民公园的动物遂逐渐迁出。

与名胜古迹类景点不同，公园类票券除门券外，还依据不同设置，存在动物区票、游乐器械票和展览活动票等。从票证收藏市场上看，人民公园的早期票券并不多见。其中有游艺部面值三分的小幅儿童乘坐飞机票，繁体绿字。另有油印红字的团体优待票，票面上除手写人员信息外，还加盖“天津市建设局人民公园管理所园林处”章。至20世纪末，彩色印刷的横版大尺寸票券，成为门券类票证最常见的版式。我存有一枚以绿色为主色的门券，更贴近公园的自然属性。除绿色和留白外，画面以浅金色印刷，背面为红色字体的人民公园简介。票面中央是一幅园中亭台楼阁与山水花木相映成趣的素描画，画面元素丰富而有序。右侧上方为毛泽东题写的“人民公园”。票面右侧边缘的纸张纤维并不规整，推测原有副券栏，但并不影响撕去后的票面美观。

人民公园虽然后来不再承担专业

二枚一套的马戏大世界门票，卡通味道十足

虎园儿童门票，另有蓝色品种

动物园的职能，但在一段时间内仍饲养了一些未迁至天津动物园的动物，同样具有观赏价值。20 世纪 90 年代，人民公园虎园引进白虎，在天津很有影响。白虎是白化孟加拉虎的简称，1951 年首次在印度发现，是世界一级保护动物，十分珍贵。一枚虎园白虎观赏门券，票面左右两侧为浅绿色，是儿童票，票价为二元。另有一种成人门券，与它版式相同，但为深蓝色，票价四元。中间图画描绘的是两只白虎在园中的生活状态。较为遗憾的是，票券背面为空白，只在副券栏背面加盖一枚“会计专用章”。如果印有展览介绍文字，将会更有意义。

通过多次提升改造，人民公园将中国传统园林的文化内涵和现代人文景观相融合，形成了古今交融、文娱并举的新格局。其中增添的是服务社会的价值，不变的是闹中取静、曲径通幽的韵味。人民公园一百五十多年历史沧桑，也是天津城市变迁的一个缩影。

1996年10元冰雕冰灯艺术展儿童票

孔雀园儿童贰圆门票

第三届民间工艺美术作品展门票

从乾园到静园

在天津市和平区鞍山道 70 号，有一座东西混合型庭院式住宅，它就是静园。静园始建于 1921 年，初名“乾园”，为曾任北洋政府驻日公使的陆宗舆斥巨资建造的公馆。1929 年，末代皇帝溥仪携皇后婉容和淑妃文绣由张园迁居于此，改名“静园”。静园取“清静安居，与世无争”之意，而实际是“静观其变，静待时机”，以图东山再起。

溥仪在静园居住两年多，后于 1931 年离津乘日本轮船前往东北。1932 年静园成为日本驻华北特务机关总部，1945 年被国民党天津党部机关征用，1948 年成为国民党天津警备总司令陈长捷私宅。中华人民共和国成立后，曾作为天津市总工会和天津日报社办公用房。2007 年，修旧如故的静园作为我国第一座依据地方立法进行腾迁、整理的历史风貌建筑，正式对外开放。静园现为国家 AAA 级旅游景区、天津市文物保护单位和特殊保护等级历史风貌建筑。

静园的建筑风格以西班牙式为主，兼具中国和日本木构特色。院落主体采用石钉铺地，周围种植庭院植物，在庭院中心复原了水池喷泉，使其成为庭院的中心景观。主楼为核心建筑，采用折中主义砖木结构，除卧室和书房外，还设有大小餐厅、议事厅、花厅、会客厅等房间。通过主楼现存历史原件以及民国时期古董家具和生活用品的展陈，复原了溥仪当时的寓公生活。院落东侧为爱新觉罗·溥仪展览馆，展览分为“紫禁城的黄昏”“津门寓公”“出关以后”三部分，展现了溥仪的人生经历。馆内还设有影像资料室，播放纪录片《静园春秋》。西跨院为溥仪赏玩休闲之处，恢复了原有鱼形喷泉、藤萝架和水刷石花钵。

游廊连拱结构的设计，体现了中世纪西班牙式建筑的风格。西南侧的静园修复展览馆，原为溥仪的图书馆。展示内容为建筑腾迁以及整修复原过程中的图文资料、部分构件和实物模型。

近年来，伴随我市文旅产业不断发展和历史风貌建筑保护修复逐步加强，名人故居类纪念馆逐渐成为展现天津近代历史的重要窗口。这些景区主要围绕人物和建筑，在其票证中也有所体现。静园门券多以横版为主，票中多为主楼的外景图，存根栏有龙图腾和编码。右侧副券栏有“津城静园”“末代皇帝溥仪旧居”“爱新觉

20元的书签式门票，可横向折叠，容纳更多内容

罗·溥仪展览馆”等名称。检票使用打孔机在副券栏打孔，尽可能保留了票券的完整。除常规款式外，静园的门券还有书签式和折叠式。这类门券不仅印刷清晰、内容丰富，而且纸质较厚，适于长期保存或作为书签使用。折叠式门券并非对称折叠，对折位置为票券左侧，存根与主券栏作为折页可以横向翻开，内部可有更多空间留作展馆的介绍之用。闭合后，折页与底页副券栏相接，与常规票券版式一致，创意十足。

首届公益广告创意大赛赠票，票幅较大并可折叠

静园的活动类票券同样设计精美。一枚以“保护风貌建筑　点燃津城文明”为主题的广告创意大赛券，正面左侧背景为主楼外景照，右侧有四张景区内部照片。翻折后，内部有活动的具体内容，右侧留白处可加盖静园的景区纪念章。另一枚宣传单式横版参观券，在对外开放初期所用，可凭此券参观并获取纪念明信片。此券票幅较宽，正面背景为主楼及喷泉等景观在日落前夕照片。在景观灯的映衬下，静园历久弥新，凸显静谧自然。背面为景区介绍、简版地图和联系方式，信息丰富。

复古式的参观券，别出心裁。竖版的参观券，仿照早期单据证书版式，纸张为哑光材质，手感粗糙。“门证”二字和边框采用模糊化处理，更富年代感。全票多为繁体竖排书写，正面两枚静园印章虽为统一印刷，但颜色深浅有别且不取正，有随意而真实之

自动出票式的竖版参观券

仿古式的免费参观券，副券撕取不影响整体感

感。右侧标明票种，有“免费参观”“团体参观”和不同票价之分，下方副券随之对应。副券背面附带编码，检票时撕取副券，主券仍可成为整体。后改为电子票种，正面票种一栏变为“参观券”字样，纸张变为光亮材质并取消副券。购票时，背面空白处机打票种、票价、时间和二维码等信息。检票时扫码二维码即可，票券不撕取或打孔，审美意义十足。

宣传单式参观券

宣传单式门票，建筑与光影搭配，凸显静谧氛围

团体参观券

门券上的津沽名刹

天津地区出现的最早佛教寺院，可追溯至魏晋之际。据《盘山志》记载："少林寺，传是魏晋间所建，旧名法兴寺，元时重修，有《沙门圆玉碑记》。"盘山少林寺历史悠久，且受到清代乾隆皇帝青睐，因正殿悬挂御书匾额"禅指真趣"而闻名于世。唐代开始出现独乐寺、万松寺、天成寺和挂甲寺等佛教寺庙，到了明清时期，较为知名的有孤云寺、海光寺、紫竹林和大悲禅院。坐落在三岔河口以北的大悲禅院，是天津最著名的佛教寺院之一。清代诗人崔旭曾在他遍游津城名胜后，写成《津门百咏》，其中有云："大悲旧院几重修，朱记初碑可尚留。欲向窑洼寻故迹，芦花野水四围秋。"描绘的正是历经沧桑的大悲禅院及周边空旷幽静的自然景象。

大悲禅院是天津现存规模最大、历史最为悠久的十方丛林寺院。始建于清顺治十五年（1658），由天津卫守备曹斌捐资修建，初期规模较小，康熙八年（1669）扩建，占地 56 亩。康熙十八年（1679）世高禅师与多位津门名士以大悲禅院为依托，建立草堂诗社，成为当时文化交流的重要场所。同治十一年（1872），直隶总督李鸿章曾定寺名为大胜寺，并修建五层镇海楼。1942 年由倓虚法师主持扩建寺院，几年中在寺院东侧陆续建成天王殿、大雄宝殿、大悲殿和配殿等，使寺院初成东、西格局，与新建园林总面积达八千多平方米。1954 年由市政府拨款重修，油饰佛殿廊房，增修山墙、寮房，并由天津市文史研究馆馆长、著名书法家王襄题写篆文"古刹大悲禅院"寺额。1956 年，开辟"弘一法师纪念堂"，用以纪念这位天津出生的著名佛学家。1982 年前后，市政府拨款修缮，增建新山门。1986 年正式对外开放。现为汉族地区佛教全国重点寺院、天津市文物保护单位。

大悲禅院总占地面积 4.2 万平方

米，整体布局按照中国传统庭院形式，可大致为东、西两部分。西院为倓虚法师主持扩建前的早期区域，现主要建筑为大悲殿、东侧的玄奘法师纪念堂和并排对称的弘一法师纪念堂。西院偏东位置有天王殿（西）、玉佛殿和念佛堂。与东院相比，西院建筑体量较小，古朴肃穆。东院占寺院面积的大部分，最前方是新建成的山门，佛教寺庙的正门一般为三道门形式，也称三门殿。中门较大，通往后方的天王殿，两侧便门偏小，符合中国古代建筑传统。东西两门分别取名上文提及的“草堂社”“大胜寺”，分别代表大悲禅院早期和中期的发展历程。中门上方为原中国佛教协会会长赵朴初题写的“真如觉场”。后方为天王殿，天王殿是原山门，上方有王襄题写的寺额。寺院整体以山门、天王殿及正后方建筑为点，连成中轴线并沿其展开，形成两侧建筑对称的布置。天王殿前方两侧为钟楼和鼓楼，后方是释迦宝殿，原为扩建前的大雄宝殿，内有明代铸高 5 米、重约 6 吨的铜质鎏金释迦牟尼像，为国家二级文物。匾额为著名书法家刘炳森手书。再后方是新世纪建成的大雄宝殿，为寺院的中心建筑，红墙黄瓦，台基环绕汉白玉栏杆。内有缅甸玉佛三尊，为北方玉佛之最。匾额为著名书法家华世奎手书。

从 20 世纪 80 年代正式开放至今，大悲禅院的门券无论是种类还是设计精美程度，在天津各风景名胜中皆首屈一指。不同样式的大悲禅院门券，不少于五十种。其中一种“前计算机”时代的门券，票券底色为茶褐色，上方为寺院主入口早期山门(现天王殿）的彩色照片，一门两窗的设计布局同属山门制式的一类。中间位置有明黄色的“大悲禅院”“中国天津”和“参观券”字样。下方为票券编码，背面为空白，参观游览时加盖寺院的红色纪念印章，表示票券已经使用。值得注意的是此券代表英文数字含义的“No.”标志出现倒置，但阿拉伯数字排布正常，而相同款式的其他票券并没有此现象，或是当时印刷疏忽所致。此券采用纵向款式，也是目前

早期参观券，是目前所见唯一一款竖版券

发现的唯一品种。

左侧照片的塔刹，是寺内的珍贵文物

另有两种20世纪90年代的门券，同样为传统款式，票券左侧是剪纸风格的山门简图，主体图案和文字排布一致，不同之处是稍晚期的黄色底色款门券，增长票幅并设置副券栏。新世纪伊始，票券采用当代设计风格，除必要文字和底纹修饰外，票面主要展示寺院内如钟楼、鼓楼的建筑全貌和珍贵文物。其中一种明黄色的票券，右侧为副券，中间是由计算机制作拼接而成的大悲禅院四字匾额，左方是一件文物的照片。此物是原镇海楼的塔刹，镇海楼虽已不在，但塔刹得以保存。陶胎彩釉，虽已年代久远，久经风吹日晒，但做工精悍、色彩斑斓。上面还有八国联军留下的弹孔，是近代列强侵略天津的实物见证。近年来大悲禅院的票券仍坚持每年重新设计，票面除原有传统元素外，并印有景区的网址、微信二维码、中英文介绍及平面简图，方便游客参考。另附加每年农历年份的吉祥图案，具有时代特色和欣赏价值。

大悲禅院因在1945年至1956年供奉过唐代玄奘法师舍利而盛名至今。在1955年举行的万隆会议上，印度总理尼赫鲁向周恩来总理致意，希望迎请玄奘部分灵骨。周总理亲自征询中国佛教协会等各方意见，遂将供奉在大悲禅院的玄奘灵骨移至印度那烂陀寺。玄奘是我国古代著名的旅行家、翻译家和佛学家，是中印友好交往的伟大使者，而那烂陀寺是玄奘生前留学和讲经的重要寺庙。此举不仅弘扬了玄奘为中印文化交流所做的突出贡献，同时也增进了中印两国人民的友谊。

2012年发行的五元香花券

彩色大幅票券，是大悲禅院的特色

五元的香花券，图中为大雄宝殿

千年名刹独乐寺

独乐寺，又称大佛寺，坐落于天津市蓟州区。它与辽宁锦州的奉国寺、山西大同的华严寺并称为我国现存三大辽代寺院。寺内现存主要建筑为山门和观音阁，皆为辽圣宗统和二年（984）重建。至于独乐寺的始建时间，并无明确文献记载，学者多认为在隋唐期间。独乐寺系首批全国重点文物保护单位，现为国家AAAA景区、天津市特殊保护等级历史风貌建筑。

著名建筑学家梁思成曾称独乐寺为“上承唐代遗风，下启宋式营造，实研究我国建筑蜕变之重要资料，罕有之宝物也”。他发表于1932年的《蓟县独乐寺观音阁山门考》，作为第一篇系统全面介绍独乐寺的论著，不仅使独乐寺闻名于世，也奠定了梁思成在中国建筑学领域的重要地位。

关于独乐寺名称的由来，有三种说法。一是因观音塑像内部支撑结构由杜梨树制作，取“杜梨”谐音；二是说佛教独以普度众生为乐，故名独乐；三是独乐寺为安禄山起兵叛唐的誓师之地，安禄山盖思独乐而不与民同乐。三种说法以最后一种流传最为广泛。

除山门和观音阁外，独乐寺景区内还包括韦驮亭、乾隆行宫、报恩院等建筑，以及全国规模最大、保存最完整的28块乾隆御笔碑刻。观音阁是国内现存最早的高层木结构楼阁，外观二层，实为三层，使用了二十多种不同的斗拱榫接，历经多次地震而未倒。阁顶的斗八藻井，为国内现存最早的木构藻井。阁内的十一面观音菩萨塑像是国内现存最高的彩塑站像。山门为国内现存最早的庑殿顶式山门，正脊上的鸱吻是国内现存最早的鸱吻。

此外，独乐寺的匾额多为名家手笔。山门正上方悬挂“独乐寺”蓝底金字匾额，虽无落款，但考证为明代权相严嵩题写。观音阁一层门上“具足圆成”，为清代咸丰皇帝所题。顶檐下方“观音之阁”，为唐代诗人李白手笔。阁内观音菩萨泥塑前“普门香界”匾额，由清代乾隆皇帝题写。名家匾额，不仅可以证明历史上对独乐寺的足够认可，同时也增添了独乐寺的文化内涵和艺术品位。

早期方形塑料券，山门与观音阁同时出现

独乐寺作为天津较早开放的景点，各类门券不仅设计精美，种类也十分丰富。通过集藏独乐寺门券，可以从一定程度上反映天津门券的发展变化。目前收藏市场上可见的独乐寺门券可达近百种，这些门券多为横向版式，且票面尤以核心建筑观音阁的外景图为主要图案。早期的门券，如蓝色印刷的纸质参观券，副券及主券文字区域为蓝底，分设票券两侧，中间有观音阁图案的位置为白底蓝色，票面简洁明晰。1984年，独乐寺发行了两枚纸质参观券，设计版式参照邮票小型张风格，两枚票券以土黄色、墨绿色为底色，上方有观音塑像和建筑外景的图案。背面为独乐寺的英文介绍，最下方用英文标注外宾专用，古朴典雅。

纪念独乐寺建成一千年方形外宾券

20世纪80年代，我国旅游经济初见规模，伴随塑料制票工艺的不断成熟，全国范围内许多热门景区开始发行塑料门券。塑料门券相较于纸质门券，优点也十分明显，色彩丰富、不易损坏且具有凹凸质感。从收藏角度来看，塑料门券防水防潮，更易保存，故票券两侧上多印有“旅游留念”或“参观留念”字样。塑料门券的缺点也显而易见，就是成本过高。如果大量发行而不回收，对景区的经济收入将造成一定影响。20世纪90年代开始，计算机制图和纸张印刷工艺日趋精细，塑料门券逐渐消失。独乐寺曾发行多枚塑料门券，其中一枚票幅接近正方形，主图为观音阁和山门的外景图上下组合而成。票券分别以土黄色、红色、浅蓝色和绿色来渲染建筑基座、外墙及门窗、屋檐和绿色植物，色彩鲜明，主题突出。

庙会专用券，每年样式不同，多为竖版

2004 年开始，每年春节期间，独乐寺会举办庙会活动，包括花会表演、杂技、拉洋片、猜灯谜等民俗项目，在此期间发行庙会专属票券。庙会票

独乐寺与白塔、天仙宫、鲁班庙的通票

券样式每年不同，营造喜庆气氛，重点介绍观音阁内的元代精美壁画。近年来，独乐寺一直发行发票样式的横版参观券，分为成人和学生等不同票种，通过不同颜色区别。此外还推出独乐寺与白塔等的景区联票，因独乐寺、白塔、鲁班庙和文庙在蓟州城区内相距不远且同属文博系统，故这些景区长期推出联票，早期多以阿拉伯数字标注。参观时，在票券边缘的景区标志处打孔检票。另有一枚异形参观券，颇具特色。异形票券在天津较为少见，此票以暗黄色为背景，营造出独乐寺历史悠久的特点。左侧图案为观音塑像的头部照片，凸显十一面观音的精湛造型。右侧为窗棂镂空图案，为保持异形位置的挺括，纸质较硬。票券材质细腻，印刷精美，具有很高的收藏和审美价值。

窗棂型的异形门券，较为罕见

旋云天塔堪留念

提到一座城市，我们常会联想起它的地标建筑。作为城市名片，地标建筑以文化符号的形式，广泛出现在表达城市特色的信息或实物载体上。区别于一般建筑，地标建筑常坐落于城市核心区，本体高大雄伟且极富特色，具备地理指向性及参照意义，与市民日常生活联系紧密，或为广大市民提供公共服务。在“地标建筑”一词兴起的20世纪90年代，天津广播电视塔（常取首尾二字，简称“天塔”）当之无愧地成为天津最知名地标建筑之一，它对于提升城市形象、展现城市文化品位和建筑艺术美感等方面起到了积极作用。

20世纪中叶开始，信息技术发展迅猛，广播电视在社会生活中的意义大大加深，广播电视塔作为信号传输的承载体，在世界范围内不断涌现。它发端于以德国为代表的欧洲国家，前身是装有信号传输装置的电线杆，一般设立在地形开阔的高地上，属于纯功能性构筑物。最早真正意义的广播电视塔，当数20世纪50年代建成的德国斯图加特电视塔。它的建筑蓝本源于混凝土烟囱结构，在包含钢架天线塔的应有功能的基础上，增添了观光游览和餐饮娱乐等额外内容。此塔的建筑设计及经营管理模式，至今为后建的广播电视塔所参考或效仿。

改革开放以来，人民的生活水平大幅提高，对精神生活的需求更加迫切。天津的现代化建设不断推进，城市面积和人密度越来越大，使广播电视所依赖的信号传输体系已不能满足需求，天塔应运而生。天塔选址在气象台路、紫金山路和卫津南路交叉形成的三角地带，相对开阔，且地理位置在市区内较为核心，这样不仅有利于信号覆盖，交通的便利性也是其成为旅游景点的重要因素。天塔于1988年开工建设，1991年竣工，塔高415.2米，当时在世界范围内高度仅次于加拿大国家电视塔和俄罗斯奥斯坦金诺电视塔，为亚洲之最。天塔是目前世界上唯一的“水中之塔”，最早加入世界高塔协会的中国成员，天塔湖风景区是国家AAAA级旅游景区，“天塔旋云”曾被评为“津门十景”之一。

天塔高耸入云，最直接的目的是为了更好传递信号。理论上塔越高，信号覆盖范围越广；天线桅杆周围遮挡物越少，信号折损越小。这样的高度可以为较远的滨海新区城区提供优质信号。时至今日，天塔仍承担着中央人民广播电台、中央电视台以及车载电视等无线广播和地面电视的信号传输工作。从另一角度讲，体量巨大、造型独特的超高型建筑很自然成为城市景观的视觉焦点，加上建筑本身所蕴含的工程科技含量，使天塔成为独特的人文景观。而塔内的超高观景平台，是最吸引游客的区域。高层酒店或写字楼虽然也可登高望远，但观看角度相对单调且仅仅针对内部员工或特定群体开放，并非严格意义的观光建筑。天塔的筒式结构，使观景平台在高空外挑成遮挡极少的环形空间，游客可在平台上全方位立体观景，百里津城秀美风光尽收眼底。便利的交通和周边景点的群集作用，使天塔在作为功能性建筑的基础上，成为热门旅游景点。

一座优秀的建筑是否能为所在地区带来提升和发展，还要考察它与周边环境的融合程度。深入人心的地标建筑，不总是画面中主景，也应成为画面中衬托其他景色的精美背景。天塔湖也因天塔成为特殊的湖。塔在湖心，直插云霄，湖光塔影，相映生辉。昼有湖水涟漪，夜有彩碟相伴。冬天的天塔湖，是天然的溜冰场，天气转暖即可泛舟水上，微风拂面，好不惬意。除天塔湖外，塔区还由绿化带、小广场、引桥和环廊组成。天塔虽处闹市，却以水相隔，虽高大挺拔，环境却不失清幽。整个塔区不仅是旅游景点，还是周边市民休闲散步、亲水写生的好去处。阳光、空气、绿植和水面的精妙组合，使城市建筑和自然环境和谐共存。

天塔属于稀缺类景点，建设成本高且日常维护开销大，使得天塔参观票价一直较高。收藏市场上的天塔票券并不常见，品相完整的天塔票券，无论使用年代，交易价格基本在二十元以上。最常见的早期门券为横向长幅版式，有淡粉、深绿、红、橙四种底色区别，完整票券右侧为存根栏，

团队参观券，右侧为副券栏

中部为副券栏，标注编码、票价和菱形票务专用章。主券栏中间及底部印有白色“天津广播电视塔参观券”中文和英文名称，左上角印有金色的圆边三角形天塔景区标志和英文名称首字母缩写“TRTVT”。借此分析，天塔的客流中有相当一部分是我国港澳台地区居民和海外游客。

天塔作为超高型竖向建筑，后期票券更多是竖版印刷，细节稍有不同，主券位置以高清照片形式展示天塔全景，右侧附有相关文字。下方为副券栏。其中一种门券下方连接双重副券，值得注意的是两枚副券右侧标注蓝色大写字母“X”“L”加以区分。天塔的塔楼共有七层，其中五层为机房和办公用房，另外两层对外开放。“X”代表旋转餐厅，“L”代表瞭望厅，分别以“旋”“瞭”的汉语拼音首字母来标记，较有创意。笔者收藏有一张早期竖向浅紫色参观券，颇有特色。主券中心为天塔全景，天空碧蓝，白云环绕，周边楼宇尚未林立，高低对比明显，展现了天塔的绝对高度。中部为黑色繁体中文和英文的一句话简介。下方有白色繁体中文“天津广播电视塔参观券”，下方为白色副券栏。票券的主色浅紫色和蓝色对比强烈，视觉冲击力强，且以浅

下方的双副券栏，分别代表旋转餐厅和瞭望厅

浅紫色票券并不常见，视觉冲击力强

紫为底色的门券并不多见，典雅不失活泼，设计风格稳重大气，实属难得佳品。

一座有特色的电视塔，属于一座有内涵的城市。天塔作为天津地标建筑的代表，在满足功能需求的同时，给人们带来了观景的丰富体验和作为景观的审美愉悦。每当我们坐在公交车上观看车载电视，抑或是在家中收听广播节目，便会真切体会到天塔的无线传输带给生活的便利，也会回忆起站在天塔高处俯瞰津城美景的激动时刻。

登塔留念参观券

抽奖券以夜景为背景，同样凸显建筑高大

天津市第二届旅游门券展参观券，材质为硬卡纸

早期参观券

大戏院有大戏票

2016年是天津中国大戏院开业80周年。中国大戏院是享誉全国的戏曲“圣地”、演艺界的老字号。

近代以来，天津城市化步伐加速，不同地域和不同国界的文艺表现形式在这里汇集，逐渐形成异彩纷呈的文化氛围。戏曲名家荟萃，加之观众对传统戏曲的热情高涨，当时天津的戏园和剧场数不胜数，但唯独缺少一座大规模、高水准的现代化演出场所，成为一种缺憾。中国大戏院便在这样的背景下应运而生。

1934年，京剧大师周信芳应邀到天津北洋戏院演出。在与孟少臣等友朋交谈中，周信芳表示上海等地盛行连台本戏，天津作为戏曲重镇，有推广的必要，但本地的传统剧场普遍存在设备落后和场地狭窄的问题，并不适合推行机关布景。孟少臣是天津“八大家”之一、惠中饭店的经营者，他随即呼吁天津各界名流广泛集资，建立一座国内最高规格的现代化剧场。曾任北洋政府外交总长、巴黎和会首席谈判代表的顾维钧，自愿出让法租界天增里旁2700平方米土地作为院址。1936年中国大戏院建成，并举行了隆重的开业庆典。时任天津市市长的张自忠将军为戏院剪彩，京剧名家马连良代表戏院主持剪彩仪式并致答谢词。马连良与姜妙香、李洪福、刘连荣、茹富蕙联合首演了《群英会》《借东风》等剧目。中国大戏院现为天津市文物保护单位、重点保护等级历史风貌建筑。

作为大型演出场所，中国大戏院的选址考虑了交通便利性和商业集群性。它地处法租界中心，与周边相继兴建的浙江兴业银行、劝业场、交通饭店、惠中饭店、渤海大楼等构成的天津最繁盛的商业中心相搭配。这种模式至今仍为文娱场所的“黄金准则”。戏院建筑由法国乐利工程公司设计，采用当时西方流行的现代主义风格，注重简约和功能。为在视觉角度突出建筑本体的高大挺拔，正立面多用竖向线条装饰，且由中心位置向两侧阶梯式降低，劝业场、惠中饭店等建筑亦有此类风格。剧场主体采用大跨度钢架结构，不设支撑立柱，不遮挡观看视线。为容纳更多观众并保证观看效果，观众席分为两层并设计适合坡度，二层出挑 18 米。舞台为弧形，外探 4 米，设有乐池和电动升降式布景吊杆，最大限度地适应各种戏曲形式的布景需要。值得一提的是，戏院斥资安装了美国奥的斯第一代电梯，纯铜打造，工艺精湛，且至今仍可正常运行。除主体观演区域为两层外，建筑在东南和西北两侧设计局部三至五层，包括已变更为休息区和办公区的各类小型文娱厅，区域间相互独立，互不干扰。

“中国戏院”为中国大戏院的曾用名

无论是从天津地方文史还是中国戏曲演出史角度看，有关中国大戏院的文献和实物，都是十分重要的。由于历史悠久、演出火爆，中国大戏院的票券相当丰富。从刚开业时的民国风格票券，到中华人民共和国成立后各个时代版式基本统一的样式，我们可以从票券的变化管窥天津戏院和剧

不同颜色的夏季游艺大会通票，有纸钞风格

场的发展。近年收藏市场曾出现一张中国大戏院早期“四友幼稚园周年纪念游艺会”兑换券，设计简约，注明日期、地址和价格，印有编码并加盖“四友幼稚园”和“前排”的蓝色印章。1937 年至 1940 年，戏院在夏季的每个周末都会举办游艺大会，其间发行通票，观众可以凭票在四五层看戏、跳舞、喝咖啡，在楼顶观看露天电影。其中一种票幅稍短，设计风格类似纸钞，有明黄和深红两个颜色，上方文字由左向右印刷，中部右侧有“通票”二字，左侧空白，应该是为临时书写编号、日期等相关信息而预留，下方是戏院的英文名称。

笔者收藏有一种中国大戏院夏季游艺大会票，颇有特点。票券分为豆

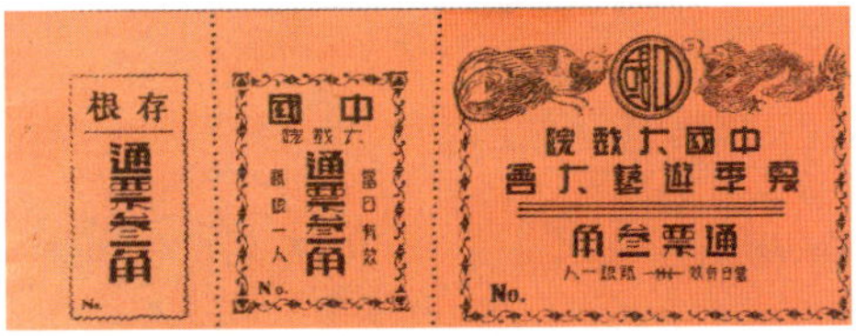

民国时期的夏季游艺大会三角通票

绿和砖红两种颜色，整体票幅较长，并分为三部分，中间由齿孔分割，美观而易于撕取。右侧为主票栏，中部位置印有戏院和票种名称，分隔线下标明“通票叁角”“当日有效”和“只限一人”，票面边缘由花线装饰，上方是刻画精美的龙凤图案，形态舒展、庄重大气。头部分别面向中间的“中国”圆徽，它应是中国大戏院当时的机构标志。中间栏被分割为竖向票券，在装饰线的包围下印有相关文字。根据票券功能分析，主票栏和中间栏可能为不同游艺项目而设。最左侧存根栏设计简约，只注明存根和票价。全票的三部分下方都印有“No.”，根据每天客流，入场时由工作人员手写编码，也可掌控票券的使用情况。这张票券设计典雅，年代久远且保存较为完整，有较高的收藏和研究价值。

加盖2元2角章的招待券

入场券，右下方撕取副券检票

绿、红色搭配的入场券，背景为建筑外景渲染图

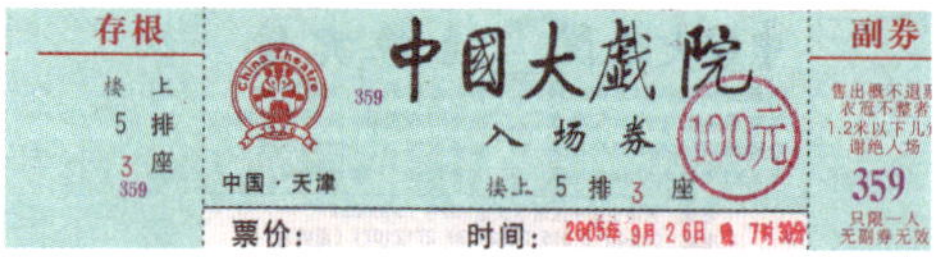

2005年使用的入场券，有绿色、粉色等不同款式

中国大戏院是天津乃至全国近现代大都市高端戏剧演出场所的典型代表，对其各个时期印行的丰富、美观而大气的票券的搜集、整理与研究，亦应受到高度重视。

20世纪50年代初入场券

从平安影院到音乐厅

在天津小白楼，有一座欧式风格的地标建筑，它就是天津音乐厅。音乐厅的前身为平安影院，最早可追溯至 1909 年。当年，英籍印度人巴厘在今解放北路原新华信托储蓄银行附近建起影院，播放无声电影短片。后于 1916 年在后来国民饭店的位置新建了平安影院，设有包厢、咖啡厅、休息室等区域。1919 年，影院因火灾，迁往今解放南路原北京影院后面的一幢房屋中。1922 年，平安影院在今浙江路与建设路交口处异地重建。

这座建筑为二层混合结构，由景明工程司赫明和帕尔克因合作设计，整体分为影院和餐厅两部分。北大厅入口为塔斯干式半圆形柱廊组成，通过旋转门或两侧门可进入大厅。南侧设计向外突出，使正立面富于立体，成为建筑最大的亮点所在。剧场内墙壁上布满各种形状的浮雕，坐席视野良好，舞台两侧设有两个对称的花亭，和谐美观。影院播放世界一流大片，设施与配套服务在当时亦堪称一流，加之地理位置优越，一度成为上流社会的文化娱乐场所。

“电影”一词源于《大公报》，天津也是我国最早传入电影的城市之一。平安影院在多年的经营中，创造了天津电影发展史上多项“之最”，一度成为业界标杆。平安影院是天津第一家由外国人开办的影院，而当时英文名为“Empire Theatre”。“Empire”一词在英文中有帝国、企业集团之意，这或许就是部分史料中平安影院也被称为“帝国影院”的原因。1929 年，美国电影《歌舞升平》在此放映，开创天津有声电影时代。此外在播放第一次世界大战纪录片期间，影院从当时美国兵营借来铁甲车放在门口，成为天津电影界首个实物广告。

随后几十年间，平安影院几经易主，曾由“华北影业公司”“北中电影公司”“平安影业公司”等多个机构经营管理。1956 年，平安影院更名为“天津音乐厅”，并于 1960 年国庆节重新开幕。天津音乐厅与上海音乐厅和北京音乐厅相比，原剧场建成时间更早，也是全国第一个以“音乐厅”命名的剧场，天津因此成为最早拥有音乐厅的城市。20 世纪 80 年代，音乐厅进行提升改造，扩宽台口，加长舞台纵深，并花重金从德国进口了世界知名的施坦威钢琴，成为“镇馆之宝”。

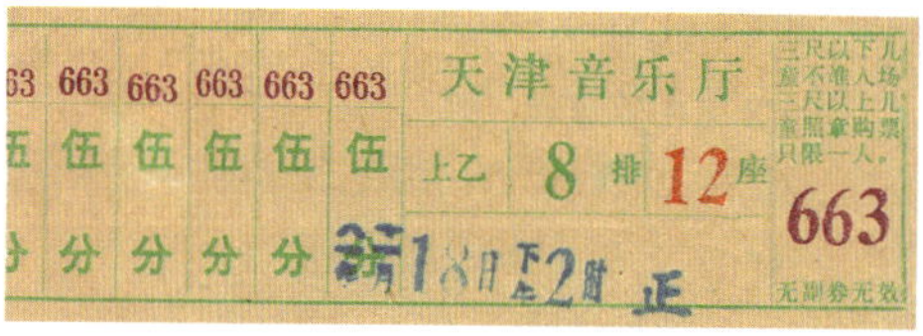

20世纪80年代通用版式入场券

进入 21 世纪，为满足市民不断提高的音乐欣赏需求，音乐厅决定于 2005 年拆除重建。2009 年，新的音乐厅建成并重新营业。新音乐厅的造型与巴黎万神庙相仿，巨大的圆顶凸显欧式建筑特点。建筑按照大型交响音乐会标准建设，内部由前厅、主厅、舞台、后台、排练厅、贵宾接待厅等组成。舞台与坐席布局科学，同时建造采用的空间设计和建筑材料，使听众无须扩音设备即可听到清晰、自然的原声。

作为文化娱乐场所，平安影院及音乐厅，不仅历史悠久且持续营业至今，它发行的丰富票证对业界也有十分重要的史料价值。收藏市场最早可见中华人民共和国成立初期电影票，繁体横排，设计简约。票券上方为影院名，下方印有“文化娱乐税税款已交”字样，并映衬在丝带状的图案中。左右两侧存根栏和副券栏分别有竖线分隔，同时加盖天津市人民政府税务局专用圆形红色骑缝章。购票时，在票券正面粘贴印有场次及座位的纸条，方可使用。

左侧印有工农兵图案的票券，在 20 世纪五六十年代较为常见。布局与早期电影票类似，单色印刷，颜色多为紫色、红色，同样在中间位置粘贴纸条，右侧下方印有“当场有效，概不退换”字样。受时代影响，此时平安影院及音乐厅的电影票票幅较窄，纸张偏软，质地粗糙，使得保存至今且品相尚佳的票券并不常见。值得注意的是，在平安影院更名音乐厅的过渡期内，曾出现电影票为音乐厅而粘

更名过渡时期使用的电影票

贴的纸条仍为平安影院的重叠现象。

音乐会入场券，有紫、橙等颜色

20 世纪七八十年代开始，音乐厅采用全市统一的表格式票券，通过淡紫、浅蓝等不同颜色简要区分楼层、座位等信息。右上方的影院名除常见宋体外，还有楷体等不同版别。音乐会入场券，常见橙色和紫色两种，一般附在主题请柬或票折中，左侧有音乐厅立面图，寥寥数笔不仅轮廓清晰，同时将老音乐厅圆形玫瑰窗、高大女儿墙等特点进行描绘。

近年来，在互联网购票和计算机制票的背景下，音乐厅演出票有天津演艺网通用竖版票，还有印刷更为精美的绿色宽幅票。绿色票的左侧，有新音乐厅彩色照片。穹顶之下，吊灯闪耀，凸显华丽。与天津大剧院同版的音乐会票，票面大幅留白，仅在左侧出现天津音乐厅和天津大剧院建筑外景的黑白照片剪影拼接，与渐变紫色相交融，烘托出建筑与音乐的艺术关联。

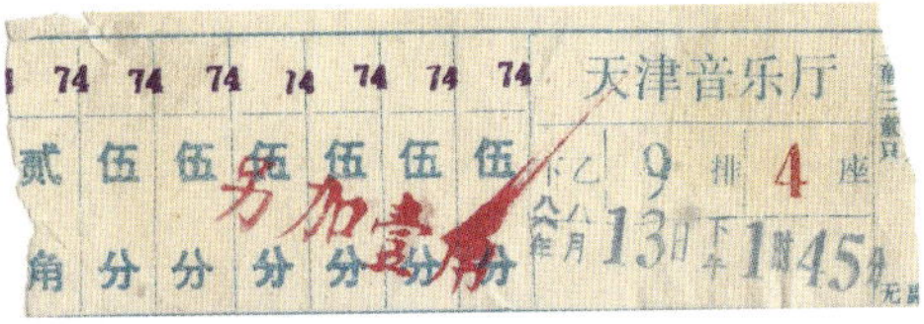

1986年使用的通用版式电影票

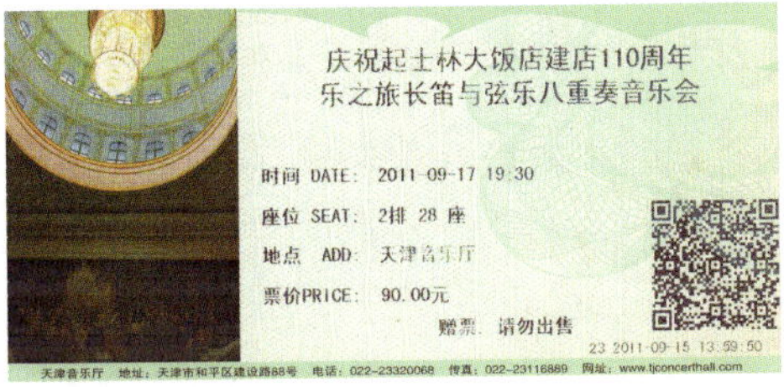

绿色的音乐会入场券，
左侧的穹顶及吊灯尽显华丽

与天津大剧院同版的音乐会入场券

第三辑

交通运输类

TRANSPORTATION

津城早年存车票

2017年，中国首座全智能无人值守自行车存取系统在天津职业技术师范大学投入使用。这座存车楼主体为高8米、直径8米的圆筒状钢结构，可存放120辆自行车，通过刷身份证、学生卡，可将自行车快速便捷地存放在车库内。获悉这个消息，天津很多市民不禁抚今追昔，回忆起当年津城遍地存车处的情景。

天津是世界最大的自行车生产制造基地和出口基地，拥有新中国第一个自行车民族品牌“飞鸽”和众多知名企业，素有“自行车王国”之称。天津市民自行车拥有量在全国也是名列前茅的。自行车多，存车处便多。存车处主要设置在商场、影院、文化宫、公园、医院、车站等人口密集场所附近。存车处管理单位十分复杂，有的是区、街道、居委会，有的是相关单位，早期还有大量个体经营者，如劝业场附近的“李记”“朱记”，百货大楼附近的“李记”等。存车处一般圈用部分边道，或占用胡同口一侧。存车时，管理者把一个宽一指、长一掌、竹子做的存车牌交给存车人，同时把另一个与它编号一致的、拴着绳子的竹牌套在车把上。存车人只需将自己手里的存车牌收好，记住自己车的位置，回来时凭牌取车，同时交给管理者二分钱存车费。至少在三十年的时间里，存自行车无论时间长短，都是二分钱一次。

因存车处遍布津城各处，票证印制和使用又没有特别统一的规定，以至近年收藏市场上可供交流的天津早期存车票多达数百种。按照版式，这些存车票可大致可分为四类。

第一类为大印章式，为20世纪50年代常见版式，票券由自刻印章蘸取红蓝等色油墨，盖在纸上完成。票券以竖版为主，文字信息包括票券种类、存车处名称、地址和票价，早期存车票还有币值改革前的二百元、三百元等金额。文字之外以直线和五角星作为分隔和点缀，有些票面顶部为等腰梯形造型，有民国时期票据风格。如营口道第三医院存车处收据，中部印有“叁分壹次”，左侧为地址栏，下方留有空白方框，必要时可书写管理人员姓名或盖章。

辽宁路佳木斯道口振来3分椭圆图章型存车收据

民国票据风格的存车票

九经路存车券，左侧有装订痕迹

解放北路松江胡同王记存车票

第二类为极简式，使用钢笔或圆珠笔直接在纸上手写存车费及费用，加盖管理人员姓名印章，此类品种较少，推测当时为应急使用。

第三类为前计算机时期印刷票，有红、黑、蓝等多色，以区级和街道存车处为主。批量印刷工艺使票面精细度提升，可容纳更多信息，如“存车加锁、灯物自理”，或“闸铃齐备、夜晚燃灯”，一些存车票底部开始出现数字编码。其中一枚河北区存车服务社收据，颇有特色。此票有黑、红两色，长六厘米，宽四厘米，这类存车票中，矩形票幅较正方形更为少见。票面信息丰富，布局匀称，值得一提的是，此票印有图画，目前尚未在其他存车票发现。图画为自行车中后部放大图，由圆环圈起，提示骑车人存车加锁，醒目易懂。

第四类为机打式，印刷、裁剪更为规范，与现行流通的纸质发票类似，

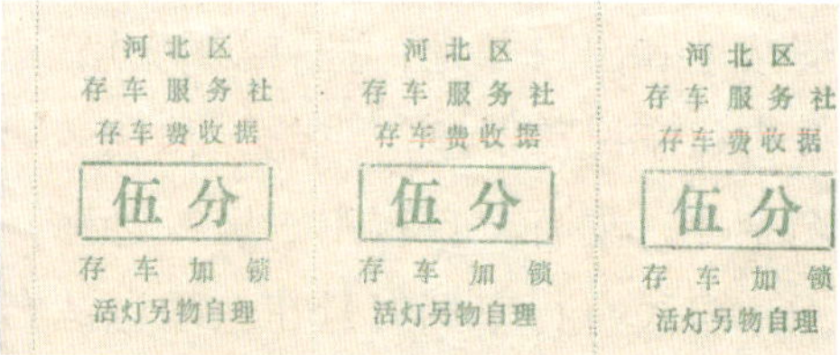

联式存车票，使用时可撕取

带有提示性图案的2分存车票

如天津市存车业管理委员会存车专用凭证，红色为一角票，绿色为二角票，设有存根栏，使用时加盖时间章。

除版式外，存车票还可按照年代、区域、金额等要素分类整理。存车处性质多样，存车票与公交票、地铁票等交通类票证相比，并没有统一规格，制票方式和纸墨选用也有较大差异。相当数量的存车票印刷简易，装饰感弱且纸张软薄，票券边缘裁剪毛糙，不太讲究审美效果。加之票券使用过程短促，大部分人存车取车后匆忙离去，票券随即丢弃，特意珍藏的存车票并不多见。收藏市场所淘存车票大多缺边少角或与其他票券粘连，后期整理也相对烦琐。种种原因，使得留存至今的票券品相普遍不高，成交价格多在五元以内。

天津早期存车票虽然收藏价格不高，但在收藏过程中可以挖掘丰富的城市历史信息。如加盖票，有姓名章、改值章、单位公章、夜车存放章、时间章等分类，这些细节从不同角度反映了存车业的实际运营状况。更重要的是，可借票面信息考察老街区、建筑景观的消失变迁、币值和物价变化，以及常用字的二简字和异体字使用情况，使小票证发挥大价值。

河西区大沽路517门前存车处贰分存车费收据

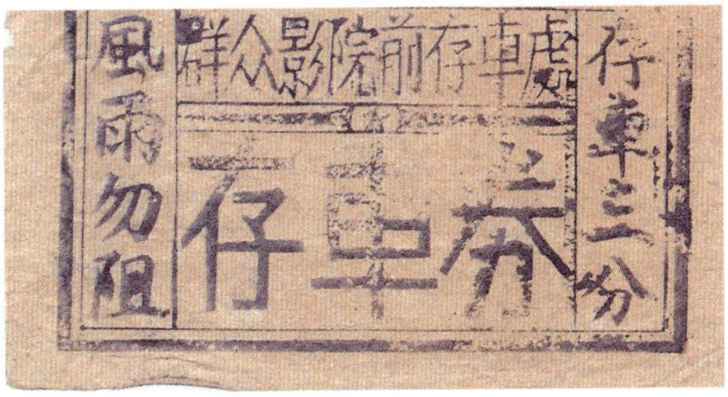

群众影院前存车券

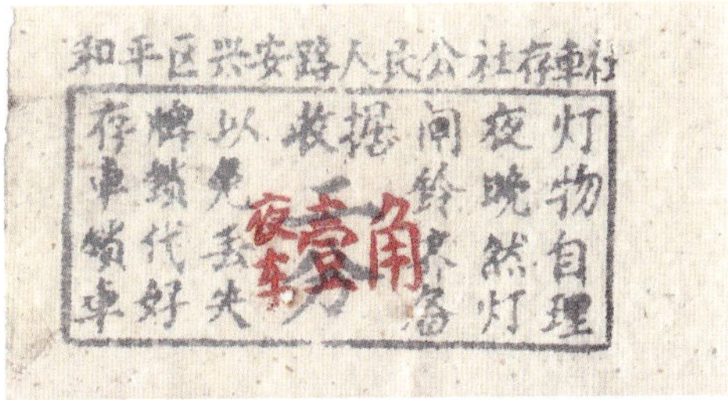

和平区兴安路人民公社存车社存车券，文字信息丰富

天津早期渡口票

天津地处九河下梢，依水而建，因水而兴。河流贯穿城市，两岸人员沟通及物资往来要靠摆渡，渡口在数百年城市发展中扮演了不可或缺的角色。就连天津城市名称本身，也因“天子津渡”之地而得名。

最早的渡口形式，是在河边呼唤水上的渔船，两岸人员凭借渔船渡水。船主以捕鱼为业的同时，兼做摆渡。伴随城市规模不断扩大，特别是1860年天津被开辟为通商口岸后，工商业日渐发达，城市人口日渐增长，使专人驾驶专用船只在固定渡口进行摆渡成为一种水上交通运输行业。近代历史上，由于渡口的不可替代性和大过渡量带来的经济利益，一度成为多方势力盘踞的焦点。直至天津解放，渡口逐渐收归国有，才开始了稳定安全的运营局面。

纵观天津渡口发展历史，曾经出现过官渡、义渡、民渡、专渡、工人管理渡口和国营渡口六种。官渡是朝廷为使驿吏通行方便而设。文献记载，最晚于明万历十六年（1588），天津的官渡已经出现。义渡是指仁人善士捐资修建的渡口，少收或不收渡费。但义渡常常因无人持续承办而逐渐荒废。后期较有规模并持续发展的是民渡。民渡是私人经营的渡口，起源于最早兼职摆渡的船家。摆渡过河人员日益增多，船主便开辟固定码头，用大船从事摆渡。专渡是指由外国势力投资，在解放桥下游沿租界两岸设置的渡口。专渡地处繁华地带，过渡量高，为外国机构、企业的员工和货物往来服务，有些渡口也渡一般乘客。工人管理渡口于1951年在西沽渡口试行，日常管理由工会进行督导。工管渡口是私营渡口进行社会主义改造的重要步骤，为转变成国营渡口提供了有益经验。国营渡口始于1950年。胜利桥（今北安桥）由于年久失修进行加固，暂停交通。其间，市公用局在海拉尔道（今荣吉大街）至对岸自由道之间设置临时渡口，这是天津第一个国营渡口。至 1956 年，全市渡口全部改为国营。

国营渡口时代，渡口的设施水平和服务质量都有很大程度提升。一方面更新船只，配备安全设施，增强了行驶的稳定性，延长了运营时间。另一方面在码头设置趸船、安全护栏，完善了坡跳和候船廊，在方便乘客的同时，也改善了市容。伴随城市现代化进程加快，塘沽新港驳船因光华桥建设而不再进入市区，码头的利用率降低，许多渡口被新式桥梁替代。至 1990 年，市区仅余杨庄子、柳滩和炮台（北开）渡口。2007 年底，坐落于北运河上的炮台渡口停用，市区最后一处渡口消失。

贰分渡口船票，有多个品种

天津解放后，渡口作为公共交通的重要形式，票证使用也逐渐规范起来。目前可在收藏市场上见到的渡口票，多为 1952 年统一收费标准后印行。标准参照当时白牌有轨电车票价和过渡人次，确定为每人每次渡费旧币 100 元（币值改革后折合为 1 分）。此标准持续至 1989 年才调整至 4 分。市区渡口票款式变化不大，一类为方框内“天津市渡口船票”文字阶梯式排布，有绿、紫、红、黑等多种颜色。另一类主要为黑色或绿色印刷，渡费由大写汉字或数字表示，二三厘米宽，多有上下剪裁不齐、左右钉孔生锈的情况出现，用纸或粗或软，虽然收藏

1分预售乘船票，纸质较薄

早期预售乘船劵，带有编码

橘色预售乘船券，票幅较小

市场成交价格大多在十元以内，但淘得品相尚佳票券的难度不低。其中一枚渡口票红色文字由波浪纹框起，2分为携带自行车通过渡口所需费用，设计印刷和纸张选用与常见食堂饭票类似。

带有图案的渡口票并不常见，分设多个颜色

除“单程票”外，1957年至1961年渡口月票发行，分为普通蓝色月票和学生绿色月票两种，价格分别为4角5分和2角5分。1959年，渡口本票“预售乘船券”发行，本票与公共汽车“预售乘车券”属相似票种，即每本10张，售价1角，封面可做报销凭证。常见的本票设计同样简约，仅用紫红色和橙黄色在方框内印刷必要文字和编码信息，票幅有大小两种尺寸。另有一枚渡口票，较为难得。票面主要内容为图画，除此票及另一枚绿色渡口票外，尚未在其他渡口票中发现带有图画的款式。画面近处和中左位置为河岸与码头，水面上正在行驶着一艘渡工操纵的渡船。远处为天津市第一工人文化宫等建筑，并有水雾笼罩。画面构图巧妙，描绘精细，元素充盈却不杂乱，展现了海河景观亦动亦静之美。

天津市渡口船票一分券

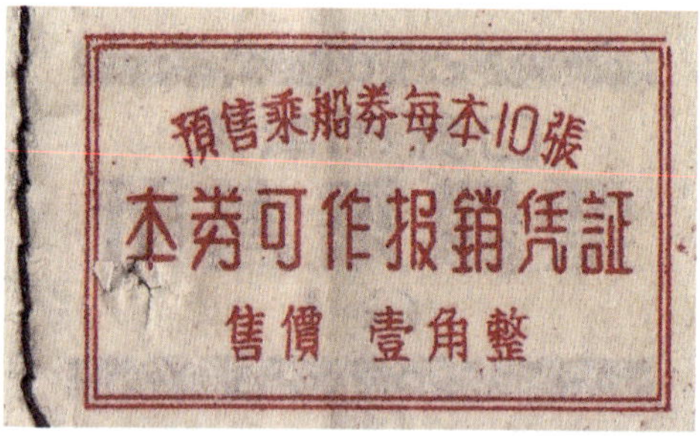

预售乘船券封面

纸质月票见证公交变迁

月票，是指以月为单位，提前支付票款的消费凭证。月票是最常见的一种定期票，除月票外定期票还包括周票、季票、年票等不同形式。月票的最大意义在于简化购票流程，在一定程度上减少了双方的人力和时间消耗。同时，月票价格通常会低于通过常规购票方式支付全款的总价格，从而对固定消费人群产生更大吸引力。公共交通、公园、主题游乐场、影院以及健身场所等，都可成为月票的服务领域。

公交月票凭借其广泛的覆盖范围和受益人群，成为月票的重要一员。天津是我国最早出现公共交通的城市，人员流动性大，公交需求度高。天津解放后，市公用局于 1949 年 2 月制定了乘坐电车优待办法，发行中小学教职员月票，每张 72 元，通学学生和外勤新闻记者月票，每张 60 元。电车公司于 1951 年发行工人和学生月票两种，1953 年 2 月停售工人月票，当年 4 月改为期票，每三个月为一期。

1956 年，电、汽车卡式月票正式发行，因票种较多，票价也相对复杂。其中有轨电车月票 2 元 5 角，无轨电车月票 3 元，公共汽车月票 3 元 5 角，电、汽车通用月票 4 元，学生月票 2 元，公用月票有 5 元、6 元、7 元三种。1957 年，月票的票种和票价进行了一定程度调整，公用月票价格统一为 6 元。1964 年，郊区月票发行。郊区月票除在规定的郊区线路上使用，还可用于市区电、汽车线路，票价根据线路里程，分为 6 元、8 元和 10 元。

月票不仅价格便宜，使用便捷，同时减少了单程票的纸张消耗，绿色节约。资料显示，1983 年时我市持有月票的乘客已达 27 万人。1988 年，市区电、汽车通用季票发行，票价为 12 元，可使用三个月。1991 年月票价格调整，同时取消了电、汽车通用季票和电车月票。1992 年，市区月票统一为 10 元的电、汽车通用月票，郊区月票分别调整为16元、20元和24元，学生月票调整为4元。

至20世纪50年代末，月票发售站已达十余处，遍布市内电、汽车重点线路终点站。月票需由乘车者携带所在单位或学校证明，前往月票发售站办理。伴随时代发展，月票的发售范围和票种都有所变化。如1986年月票管理部门就曾规定，只限我市国营、集体单位的职工和本市大、中、小学学生及幼儿园儿童购买月票。而丰富的票种，可使乘车者选择最适合自身出行方式的月票，发挥最大的经济价值。

月票按照使用人群，可分为普通月票、学生月票、公用月票等。按照车辆种类，可分为电车月票、公共汽车月票以及各类通用月票等。按照乘坐范围，可分为市区月票、郊区月票、塘沽区月票。按照使用期限，可分为月票、季票、期票等。在收藏研究的过程中，可通过月票不同分类方式，进行更为立体和细致的解读。

月票主要由月票卡片、月份乘车券和相片三部分组成。月份乘车券和相片粘贴在月票卡片正面，全国大多数城市的公交月票亦采用此种形制。月票卡片正面显耀位置标明月票种类，辅以颜色或条纹等简单装饰，背面印有较为详细的注意事项，底部填写乘车人单位、姓名等信息。固定电话的普及，使20世纪七八十年代的月票，还添设了电话信息一栏。因月票卡片长期反复使用，且粘贴相片和月份乘车券需要一定“衬劲”，故而

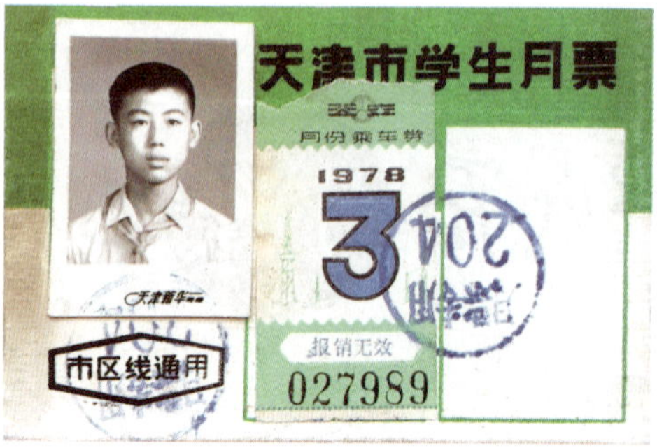

1978年的学生月票，月票卡可供翻折

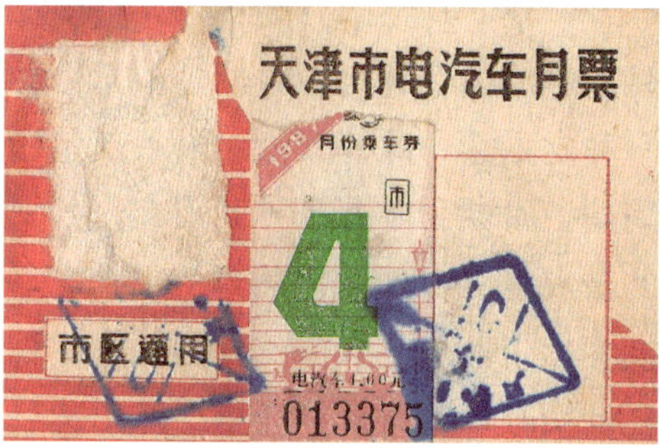

1987年的电汽车月票

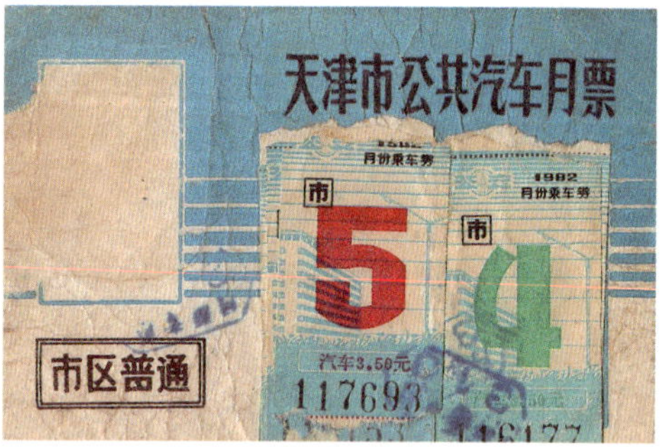

1982年的公共汽车月票，乘车券背景为友谊宾馆

采用硬纸板材质。20世纪90年代的月票，加入了塑封工艺，卡片更耐磨损。月份乘车券为竖版印刷，每月一张，购买后粘贴在月票卡片上。为使乘务员更轻易识别月票的有效性，月份乘车券票面中心为大号粗体的阿拉伯数字表示月份，且相邻两个月颜色有明显区分。许多月票在使用时下方多出一截在外，实为报销凭证栏，它与主券栏印有相同编码等信息，可供需要报销的乘客撕取。学生月票月份乘车券并无报销凭证栏，且多在主券栏印有“报销无效”字样。月票相片要求为本人近期一寸正面免冠半身照，公用月票的相片位置留空或加盖“公用”二字印章。此外，相片与月票卡片、月份乘车券与月票卡片之间加盖月票专用骑缝章，防止私换月票构件。月票章有圆形、椭圆形、菱形、多边形等不同形状，同时刻有数字编码代表不同办理单位。

同是1996年4月份的乘车券，不同票种在颜色上有所区别

学生月票月份乘车券，下方无报销凭证栏

月票在不同时代，都各具特色。20世纪五六十年代，月票为竖版，在票面一角用粗体文字或简笔图案表明票种，如通用月票同时画有有轨电车、无轨电车和公共汽车，表明三者均可乘坐。20世纪70年代，市区月票改为横版，月份乘车券的背景更加细腻，描绘了一些天津城市景象，如百货大楼以及海河上的各式桥梁。市民于元元先生提供了一枚他曾使用过的学生月票。月票卡片与月份乘车券色彩搭配相似，图案中的高压输电塔，成为当时各类票证设计的流行元素。此时的学生月票可供对折，折叠后的尺寸与其他月票一致。内页变为竖向，印有学生月票购买证，右侧设有月份表格，以供划取月票使用的月份，使用时还要加盖学校公章。通过纵向对比，

1995年带有广告的学生月票

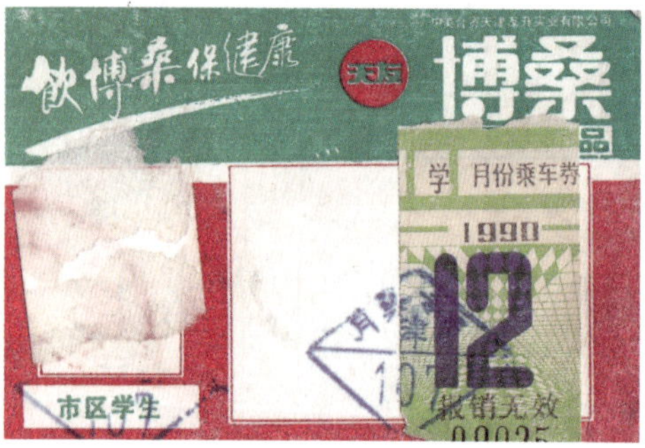

1990年带有广告的学生月票

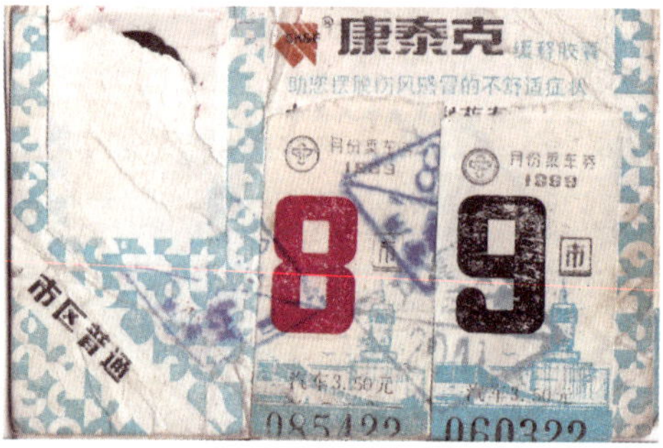

1989年的广告版月票，月份乘车券背景为天津站

可以发现从20世纪50年代至80年代，公共汽车月票、电车月票和电、汽车通用月票，主要配色均为浅蓝色、明黄色和粉红色。

1990年前后，广告月票卡片投入使用，每年更换，广告内容多选取本地或驰名全国的日用品或药品，获得了不俗的宣传效果。2000年，公交IC卡开始替代纸质月票，月票进入电子时代，直至今日。

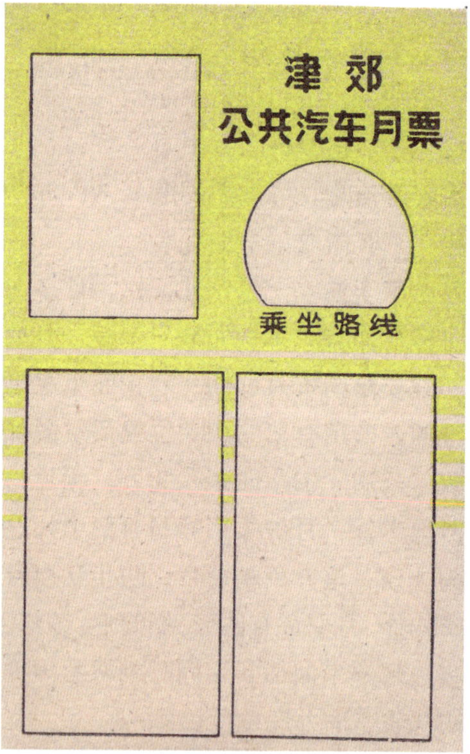

空白的郊区月票卡

天津出租车票

出租车，是一种依据里程、时间计费的公共交通工具，最早可追溯至雇佣马车及人力车。世界上第一辆出租车于1897年在德国斯图加特开始运营。天津是我国最早传入汽车并开设出租车业务的城市之一，1901年时就已出现美国福特轿车。史料记载，1915年王子祥创办飞龙汽车行，是天津最早经营汽车出租业务的汽车行。此后出租车行业持续发展，至20世纪30年代，全市共有汽车行近百家，出租车三百多辆。受汽车售价及维护成本所限，当时乘坐出租车是一笔不菲的花销，非普通家庭可担负得起，消费群体主要为政要、名伶、富商等，这些高收入人群在出行、赴宴、婚庆时会使用出租车。叫车时需致电或派人前往车行预定，车费按照时长、里程或包日计算，一般还要向司机支付小费。据我市著名文史专家杨大辛先生回忆，20世纪40年代他曾从赤峰道一家汽车行租车，送他的父亲回老家武清。

后因战争影响，时局动荡，加之缺少本土汽车工业的有力支持，汽油匮乏，出租车行业进入了低谷期。中华人民共和国成立后，出租车行业得到了长足发展。1956年公私合营后，成立出租汽车服务社，不久扩建为天津市出租汽车服务总站，并开始承担政治任务及国内外政要、贵宾的接送业务。同年，公共汽车公司接管出租汽车服务总站。1975年成立天津市出租汽车公司，下设天津客运三轮管理所。此后业务范围不断扩展，在车站、旅店、医院等人员流动性强的场所设立代叫点，增设会议用车、旅游包车等服务，并在节假日开通临时专线，缓解公共汽车和电车客流压力。改革开放以来，随着人民生活水平提高，乘坐出租车不再是奢侈消费，它的舒适快捷，得到了市民和游客广泛认可。

出租车票是交通类票证的重要一员，但相对于公交车票、存车票，种类偏少。因早期出租车服务价格高昂，乘坐人数有限，且年代久远，留存至今可供收藏交流的出租车票少之又少。一些珍贵的车票不仅印刷信息丰富、书写详细，还能反映社会风貌、行政区划变革和物价水平。如1941年法租界荣盛汽车行车票，版式与传统银票、当票类似，票幅较大，便于展示更多文字内容。票面中部的书写部分，详细注明起止时间、地点、顾客和经手人姓名、费用，加盖收款章。在票面四周，印有车行的中英文名称，地址和电话，并粘贴印花税票。值得注意的是，在天头位置还印有该车行经营服务项目：“最维新各种鲜花车载重运货客车均备，男女礼服小孩礼服鲜花球零花均备”，成为早期广告票证的典型，颇具史料意义。

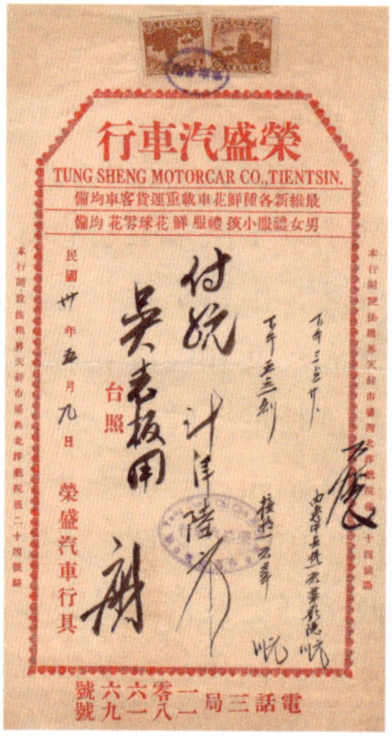

1941年荣盛汽车行乘车票据，信息相当丰富

20世纪50年代以来，出租车票据逐渐规范，采用小幅表格版式，红色印刷，多联一组，附带编码并加盖公章。如1958年出租汽车服务站汽车租费收据，在票面上可区分不同车型如甲、乙、丙级，租用方式上有包日、临时、彩车多种，下方注明车号、车次和付款方式。右边空白处印有地址，为和平区长春道109号，这是我市第一个出租车调度楼。

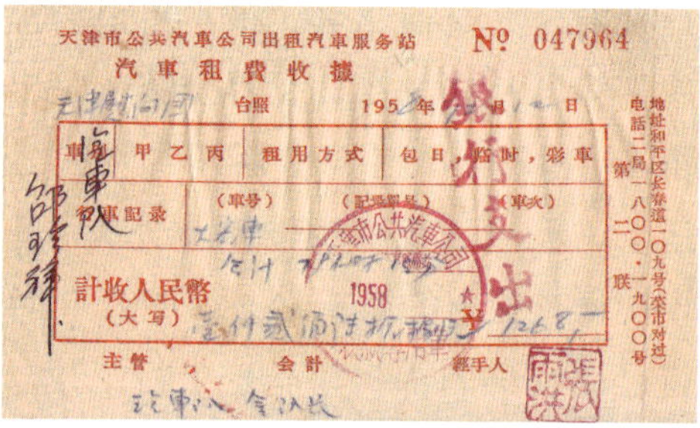

1958年汽车租费收据，票中可见出租汽车服务站在长春道109号

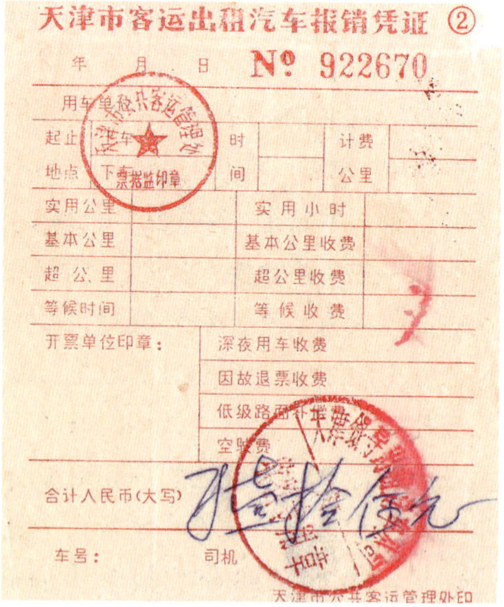

出租汽车报销凭证，从表格中可见计费方式复杂

出租汽车服务站报销凭证，颜色依不同面值而设

客运小汽车客票，绘图精美

出租汽车客票报销凭证，图中有当时出租汽车公司常见的四种车型

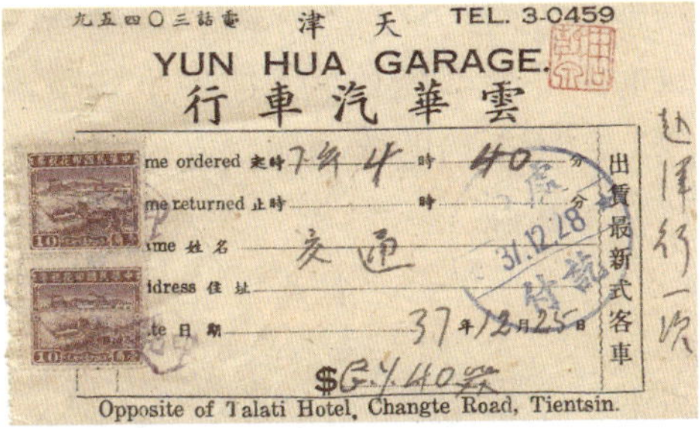

云华汽车行乘车收据

客运出租汽车报销票

20 世纪 80 年代开始，企事业单位相继开办出租车业务，1985 年开始出现个体经营。为此，天津市公共客运管理处印行天津市客运出租汽车报销凭证，乘车信息更加细化，如增加外汇收款一栏，使外宾通过外汇券结算时易于标注。此外增加深夜用车收费、空驶费等项目，计费标准和价格制定更加规范。

出租车票的另一类是定额发票，有类似公交车票版式的天津市客运出租汽车报销票，根据不同面值可分为绿、棕、橙等不同颜色。竖版定额发票有出租汽车服务站时期的两套，版式相近，区别在于面值的不同写法，分别使用大写汉字和阿拉伯数字。票面图案为五角星和小汽车，外有圆环围绕，类似民国时期上海云飞汽车公司广告，有服务全市之意。另一套天津市人民汽车公司定额发票，根据不同车型分为三种，有出租汽车客票、客运机动三轮车客票和客运小汽车客票。此票中心绘有经典汽车庞蒂克造型小轿车，停在海河岸边，对岸是当时地标建筑海河中心广场检阅台。票幅虽小却构图精巧、印刷清晰，具有较高的收藏和审美价值。

天津早期地铁票

天津地铁既有线（原有线路）是全国第二条投入运营的地铁线路，是天津地铁一号线的前身，其历史可追溯至20世纪70年代。1970年4月7日，在备战备荒的时代背景下，天津决定自筹资金，以“天津市墙子河改造工程”名义立项，在墙子河河床的基础上修建柏油马路，在沿线地下修建地铁，又称“7047工程”。1976年，地铁先期建设3.6公里，开通了新华路、营口道、电报大楼和海光寺四站。随后因停缓建政策及资金限制，暂停施工。1979年，地铁再向北延伸1.6公里，开通二纬路和西南角两站。1984年，地铁再次扩建，开通西北角和西站两站，全程达7.4公里，同年12月28日全线通车运行。后因地铁站台长度过短及线路覆盖区域较小，无法满足客流增长需要，2001年10月9日，天津地铁既有线停运改造。

在既有线运营时代，天津地铁发行了多种参观券和单程客票。而某些参观券是带有面值的单程票式样，二者界限并不清晰。后期伴随地铁建设延伸和运营发展，不同面值的地铁客票渐次出现。1977年，地铁向乘客发放面值5分的绿色“天津地下铁路客票”，为今后的客票版式和价格制定奠定了基础。

加盖参观券章的壹角客票

明黄色的壹角客票

1984年，地铁在正式运营前印发面值1角的“天津地铁客票”，部分票券还加盖有“参观券不予报销”字样。1角票目前发现有明黄、浅蓝和橘红三种颜色，票面上分别标记有 A、B、D 等字样。与 5 分票不同的是，图案中心地铁车辆下方印有阿拉伯数字 1 至 8 的横格，与当时地铁开通的八个车站相关。

1985 年前后，地铁印行面值 1 角 5 分的棕色客票。从下方图案区分，此面值票有三种，有完整图案版、8 横格数字版和“请遵守地铁各项规定”文字版。文字版发行时间偏晚，背面印有可耐牌电冰箱广告。本着节约原则，另有“加壹角”增值票。1990 年，伴随公共汽车客票价格调整，地铁发行面值 2 角 5 分的蓝色客票，图案与 1 角 5 分客票文字版一致，且同样有“加伍分”增值票。

蓝色的三角客票

1992 年，地铁票价调整至 3 角。从此面值开始，地铁为加强票务管理和客流统计，根据八个车站，发行了图案相同、八种颜色的 3 角客票，颜色分别为红、蓝、黄、绿、黑、紫、橙、棕。1996 年，地铁票价调整至 1 元，同样发行八种颜色，图案下方文字变为“当日有效持票乘车”。

除上述常规客票外，地铁还同时发行本票。本票与 20 世纪 50 年代天津公共汽车发行的预售乘车券类似，每本十张乘车券，由棉线与封面装订，封面可供报销。折算后每枚车票售价比单次购买车票有一定优惠，适合经常乘坐地铁的乘客。以封面区分，面值 1 元 1 角的本票目前发现三种，分

可供报销的地铁本票封面，左侧有天津地铁早期标志

别为蓝、黄、红色条纹，另有加盖“加玖角”的增值票。面值 2 元的本票一种，绿色条纹，另有加盖“加伍角”的增值票。本票乘车券为橙色和红色，版式与客票相似，票幅较窄，不再标注票价，右侧有“乘车券”繁体字样。另有一种红色优惠票，较为少见。其版式与 1 元客票相似，但未注明可供报销相关字样，票面上方和右侧标有“天津地铁优惠票”。此票于 1993

唯一一种天津早期地铁优惠纸票

年5月8日发行，为回馈广大乘客，采取半价优惠。

从收藏研究角度看，天津地铁票与同时期的北京广告文化地铁票相比，种类偏少，梳理较为容易，但在收藏意识薄弱、运营能力有限的时代背景下，现阶段进行系统性的集存难度同样不小。多年来，一些珍贵票种仅在票证展或收藏类文献中偶尔出现，收藏价值高，较其他非计划类票证更加受到收藏爱好者青睐。品相上乘、票面完整的地铁票，成交价格多在百元以上。

早期地铁本票内页，有红、橙两种颜色

近期在一些藏品交流网站上，出现了三角客票八张成套出售或一种颜色客票整版出售的低价链接。对三角客票而言，纸张光滑度低，剪裁工整，无倾斜或毛边。印刷工艺虽不先进，但色彩均匀着实，并在一些票券出现渗透背面的情况，不会断色或重影。编码采用票证通用的暗红色或黑色宋体阿拉伯数字加盖，规整且有力度。票面左侧副券栏上有订书钉孔和边缘侧胶痕迹。对故纸本身细节的甄别，同样是提高票证收藏鉴赏能力的重要环节。

天津地铁五分客票

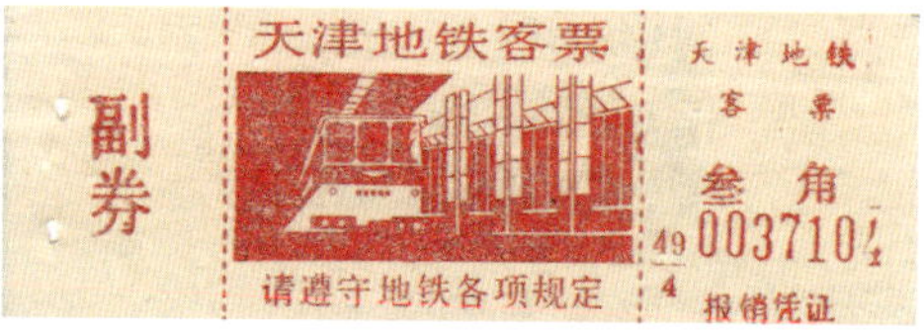

天津地铁三角客票

天津地铁参观券

随着近年来全国公共交通的大力建设，在全民收藏热的带动下，交通卡券类收藏无论从种类、藏友数量等方面都有很大程度扩展和提升，在邮币卡收藏市场中占有越来越重要的位置。比起公交、铁路、飞机和轮船卡券，地铁（轻轨）卡券起步虽晚但发展迅猛，收藏领域成熟度高，收藏市场前景广阔，潜力巨大。

公交、地铁作为都市生活最主要的出行方式，卡券收藏方面亦有诸多相似之处，但地铁卡券更受到普遍关注。最直观的表现是地铁线路少、票价高，乘坐过程无论是车厢本身还是地铁基础设施，给人带来的科技体验度更强烈。进一步挖掘，地铁在承担交通运输的功能同时，还可佐证所在城市的综合硬实力。众所周知，地铁建设投入耗资巨大，目前每公里花费以亿元人民币来计算，首条地铁开通年代的先后、运营线路和车站数量的多寡，直接反映了城市规模和经济水平，随之诞生的地铁购物商圈、地铁沿线房产经济等领域更是不可小觑。可以说，集存地铁卡券是见证城市发展和体现市民自身荣誉感的一种方式。

从中国第一条地铁即北京地铁开通至今，中国地铁走过了四十余年的发展道路，地铁卡券也从最初的纸质票，发展为今天具有数据存储功能的技术性票卡。地铁卡券收藏可大致分为五种，一是单程票类，也是最为常见的，即临时购买的单次乘车票，值得一提的是某些城市还发行机场专线票和多人团体单程票，以及地铁沿线举行大型活动时发售的临时票，都属此类；二是纪念票类，其中节日纪念和公益活动、当季热门电影宣传票卡占有很大比重；三是储值类，有地铁公司独家推出的储值票和所在城市的一卡通公司发行的IC卡；四是优惠类，主要包括学生卡、敬老卡、乘次票等；五是测试、应急、参观券类。

这五类中最受收藏者争相追捧的当数地铁参观券。

参观券，亦称试乘券，指在地铁试运营阶段或正式运营初期，供特殊团体参观及试乘的凭证。所谓特殊团体，各地区、各年代具体情况不同，但可粗略分为四类：一是地铁公司及上级主管单位领导；二是地铁建设相关单位如电力公司、机车厂、土方施工单位工作人员，有轨电车司机及调度员；三是媒体记者；四是本地或外埠其他单位人员。从参观券使用人群的特殊性角度来讲，参观券实际发行数量偏小，加之参观是集体行为，参观券使用结束后，最终不一定保留在个人手中。与其他类地铁卡券相比，参观券大都只在地铁运营初期短暂发行和使用，故而被非地铁爱好者留存的概率就更小。北京、天津地铁的最初试乘时间可追溯到20世纪70年代，就票券本身而言，因其不具备绝对公开性，无论从纸张材质以及印刷效果方面都不甚优良，在地铁人工手动检票的年代，会采取打孔、撕角、直接收回等方式，杜绝票券再次使用。参观券就好比婴儿的出生证明，既有很高的收藏价值，又包含深刻的史料意义。品相良好的早期地铁参观券留存至今可谓难上加难，更加奠定了参观券在地铁卡券类收藏中的绝对地位。

天津地铁参观券的种类，可以根据地铁运营的两个阶段，分为两类，一是1976年至2001年运营的天津老地铁（也称天津地铁既有线），其间的参观券可称为早期券；二是以2003年津滨轻轨即9号线建成为开端，发行的新时期地铁参观券。

天津地铁6号线试乘券，右侧双副券栏可供进出

目前见到的早期券有数种——“天津市地铁试车”券、“天津市地下铁道参观券”棕色版、紫色版和加盖参观券章的一角客票等，主要图案均为地铁车辆和站台。新时期参观券可根据地铁的不同线路来区分。9号线于2004年3月28日试运营，在2003年12月初为配合“滨海新区十年建设成就展”活动，方便市民参观，发行了一张门票和车票双用并带双副券的票券，可在指定车站按指定时间往返，此票可视为9号线的参观券；改造后的1号线于2006年6月12日试运营，其间发行了“天津地铁开回来了”邀请券，右侧带有副券，背面为线路图和使用说明文字，主券和副券可分别充当乘车凭证，往返使用；

票证中的天津风物 TICKET

二枚一套的参观券，正方双面可拼为完整图案

2号线卡式参观券，右上方有检票标记点

2 号线于 2012 年 7 月 1 日东西两端分别试运营，发行两种竖版卡式参观券，图案和外形相同且均为两枚一套。其中一种内置芯片，通过闸机进出车站，另外一种无芯片版，进出站从边门通过，由工作人员打孔验票；3 号线于 2012 年 10 月 1 日试运营，发行了两种与 2 号线类似的竖版卡式参观券，但 3 号线芯片版参观券可乘坐十次，而 2 号线同种卡券只能乘坐一次。此外 3 号线还有一种纸质带双副券可往返乘坐的参观券，凭副券进站，出示主券出站。值得收藏者注意的是，2 号线和 3 号线的两套共四张卡式参观券，可从正面和背面依次拼成一幅包括天津鼓楼、天津之眼、天塔、解放北路原中法工商银行大楼等地标建筑在内的完整画轴式蒙太奇天津风景图，相当美观。

笔者收藏有一张“天津市地铁试车”券，它发行于老地铁第一次试运营期间，亦是目前见到的时间最早的参观券。1970 年 4 月 7 日，天津市决定以修建战备通道为目的，以墙子河改造工程名义立项，史称“7047 工程”，是天津地铁的前身。1976 年 1 月第一

天津地铁试车券，颇为珍贵，赝品层出不穷

次试通车，只有新华路、营口道、电报大楼（今鞍山道）、海光寺四座车站，这张票券就在此期间发行使用。票券本身面积较大，背面为注意事项，正面以红色为主色辅以金色，整体画面以纵截面为视角，用颜色分割，生动呈现了地下与地上两部分景观。地下部分主要为地铁站台和行驶中的地铁车辆，地上部分则出现了地铁站房、铰接式公交车、小卧车和当时天津标志性建筑友谊宾馆大楼模型图，由此推断票券设计者可能试图描绘新华路站地面上下的双重风貌。此票设计优美，印刷精良，在副券栏还盖有清晰的时间戳，无论是从审美角度还是收藏角度看，在全国范围内实属难得珍品。

发端于 20 世纪 70 年代中国地铁肇始期的天津地铁，一路走来不仅见证了中国地铁的发展历程，也是改革开放以来中国城市化进程的典型缩影。而发行地铁参观券的惯例，将会一直传承下去，因为地铁试乘的意义已不仅仅局限于参观欣赏、见证历史和收藏票券，对于地铁管理者而言，

津滨轻轨9号线参观券，与泰达国际会展中心展览券功能合一

6号线贯通试乘券，紫色为6号线主配色

更深层次的作用是要让市民在乘坐地铁舒适便利的同时，感受到都市发展的轨迹，进一步支持地铁建设。同时试乘人员在体验过程中，也可检验新线路的综合运营状况，也可从乘客角度提出意见和建议并使地铁管理者改善之。地铁迷中有相当数量的二三十岁年轻群体，他们善于使用微博、微信等通讯方式获取和发布信息，这对地铁的宣传工作起到了良好作用。倘若能够成为地铁新线路开通初期的参观、试乘者，并留下珍贵的票券，这是对地铁迷最好的嘉奖和最高荣誉。

天津麻将中，无“混儿”难胡，地铁卡券收藏亦可作如是观。对于广大地铁卡券收藏爱好者来讲，如果能在自己心爱的收藏卡册首页放入一两枚参观券，将会起到画龙点睛的作用，使之大为增色。

天津地铁一号线重新运营参观券

在近年收藏领域中，交通类票证收藏热度不断上升，而收藏和研究此类藏品的多为二三十岁年轻藏友。各地交通运管部门如公交公司、地铁公司等，看准这一趋势，发行了各式纪念类票券。在网上，交通类票证收藏无论是在藏友论坛还是在交易平台，都有相当庞大的板块。归纳起来，大致有几个原因。首先，交通类票证收藏主要依托于各种交通事业，而交通事业发展无疑是科技现代化的产物，这对于求新求异的年轻群体而言具有很强的吸引力。其次，相对于其他一些藏品而言，交通类票证收藏有一种传承性，简而言之，即现在仍然有实用价值，完全可以从日常生活中渐渐培养兴趣。例如最简单的收藏可以由今天乘坐火车出行，火车票留作纪念开始，而不像粮票、电话卡这样已经退出使用领域的藏品。即便是邮票，在电子通讯发达的今天，其使用意义也已变得微乎其微。交通类藏品对于刚刚起步的年轻收藏群体而言，有一定的初始亲切感。

在国家大力倡导节能减排和绿色出行的今天，公共交通出行对人们日常生活的意义也越来越重要。中国地铁由 20 世纪 70 年代发端，因其相比其他出行方式更为稳定、快捷和安全，90 年代开始高速发展，如今已经成为大中城市交通中不可或缺的部分。地铁不仅是一种出行方式，而且是现代城市规划中的重要一环。一方面，随着经济社会高速发展和城市规模不断扩大，人们对出行的需求度也逐渐增加，使地铁建设速度随之增快；另一方面，规模化运营地铁网络，也吸引越来越多的人每天穿梭于地理位置相距较远的地方。在地铁还未普及的时代，即便是从天津市区到塘沽都可以称得上出了趟远门，那么就更难想象现在有相当数量的“取经”大军，每天乘坐地铁奔走于上海与江苏昆山间、北京与河北廊坊间跨省市上班，这恰恰有赖于便捷高效的地铁。另一方面，早期地铁线路设计大多是为缓解交通拥堵，穿过人流密集的城市中心、繁华商圈和交通枢纽，到如今地铁沿线甚至是规划线路，都有很大可能出现新兴购物中心和高档住宅区，打“地铁牌”，也成为近十年来房地产界最常用的促销手段之一，故而地铁对城市规划和经济的带动作用同样不可小觑。

几乎每座城市的地铁 1 号线，都穿越城市中心区、繁华地带，是交通干线，系为舒缓交通压力而建。天津也不例外，1 号线的走向，主要是因为传统意义上天津市区的主轴也是西北——东南走向，途经滨江道商业区、小白楼商业区、天津西站、海光寺等重点区域。而后续地铁其他线路建设，也大都设计与 1 号线交叉形成换乘站，从而逐步形成完善的地铁网络。天津地铁 1 号线作为最早建成和迄今运营时间最长的线路，可以根据运营阶段划分为两段。第一段是服务于 1976 年至 2001 年的天津地铁既有线时代，第二段是 2006 年开始重新运营的新地铁联网时代。天津地铁作为中国第二条地铁，距今已有四十多年的历史，是中国地铁发展的重要见证和城市化进程的典型缩影，因而集存与 1 号线相关的票券便成为天津地铁收藏的大项。尤其是重新开通后的 1 号线票券，在地铁收藏领域一直是热门藏品。究其原因，除上述提到的历史意义外，还有一层意义，即 1 号线重新开通的时代，正是收藏趋热的时代，收藏意识的养成，收藏市场的成熟，收藏者

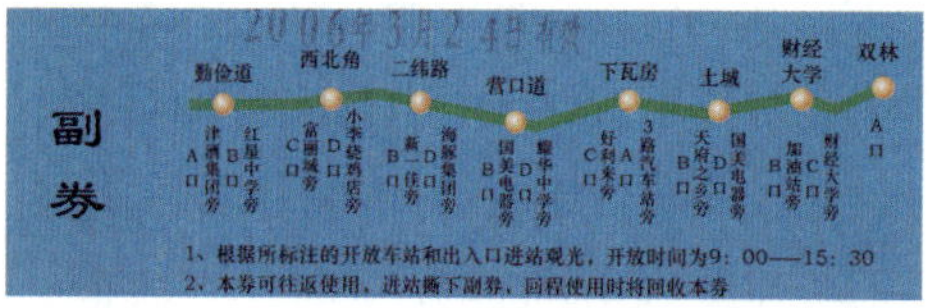

参观券背面加盖时间戳

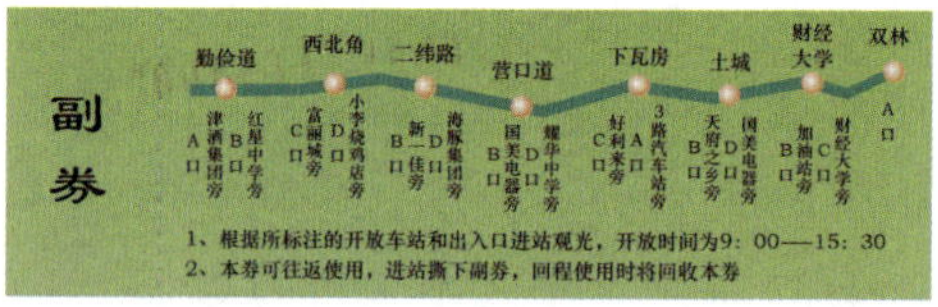

四种颜色，分别提供给不同消费人群

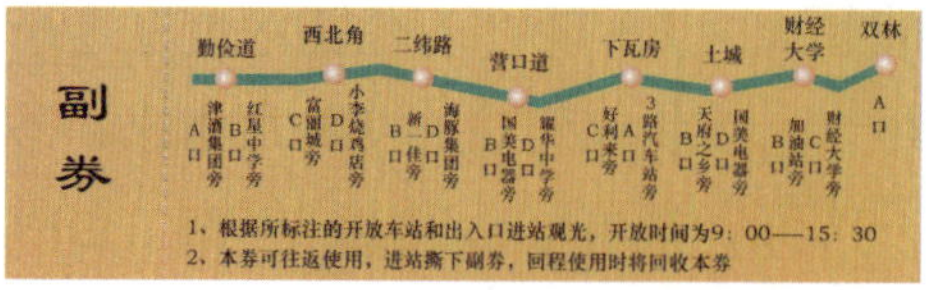

图例清晰，信息丰富

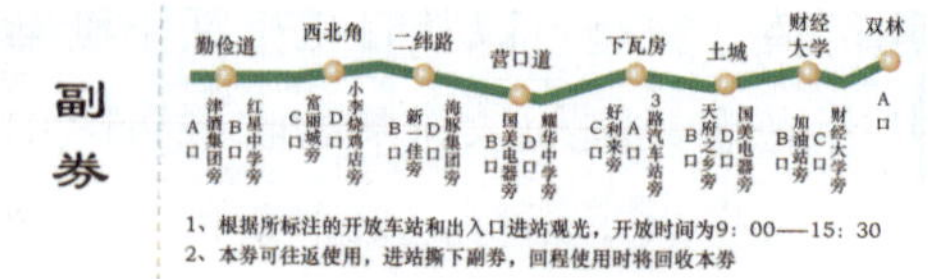

多年来收藏市场上四种颜色难以凑齐

规模的扩大，都为互联网时代地铁类票证收藏提供了良好的氛围。加之天津老地铁时代线路偏短、运营范围有限，除报销情况外，留存票据的意识也相对薄弱，存世量很少，导致目前收藏市场上，天津早期地铁票券价格高出其他城市地铁相同时代类似藏品价格几倍甚至几十倍，收藏难度偏大。

改造延伸后的 1 号线于 2006 年 6 月 12 日开始试运营，在此之前可凭邀请券进站参观，而此券按时间顺序也成为一号线的第一张票券。由于参观券本身发行范围和数量较小，且在使用后要回收，留存下来的可谓少之又少。笔者也是搜寻多年，在收藏市场上曾多次失之交臂。几年前曾碰到过此券，但因刚涉足收藏，对票券的价值体会不深，加之感觉价格昂贵，故而错过；还有两次是藏友提供出售消息，赶去购买时，却被其他藏友刚刚买走，令人非常失望。近年，在古文化街一位经营钱币的老先生摊位上偶然看到此票，经询问得知，是他为朋友代卖，遂欣然购之。

这张票正面上方印有“天津地铁开回来了！邀请券”字样，中部是一号线地铁客车飞驰的图像，整体以蓝、黄二色相衬，使红白相间的车辆更具立体性和动感。背面以蓝色为底色，下部印有票券使用的注意事项，中部

票中1号线列车极富动感，尾部有虚化处理

印有一号线可供观光的车站及线路简图。值得注意的是，可供参观的车站仅有图上标注的八站，即勤俭道、西北角、二纬路、营口道、下瓦房、土城、财经大学和双林，而非全部车站。票身带有副券，可往返使用，进站时撕下副券，回程使用收回本券。票券虽无编号，但在背面顶部盖有“2006 年 3 月 24 日有效”的时间戳，依此来掌握票券使用情况。

地铁纸质参观券的历史，可追溯至 20 世纪 70 年代的地铁肇始期。在科技高速发展和电子化售票日益发达的今天，纸票变得越来越少。2012 年开通的天津地铁 2、3 号线所使用的参观券，率先发行了卡式票券，采用闸机检票方式。不仅票券美观、易于保存，同时验票快捷，便于地铁运营单位统计数据。这张天津地铁 1 号线重新运营邀请参观券，不仅成为天津地铁新发展的历史见证，对于票券本身来说，也成为纸质参观券时代逐渐远去的标志。

天津地铁代用币

在微博和微信等主流网络平台上，我们总能看到外地游客尤其是年轻朋友来到天津之后，分享一些优美的图文游记，出现频率最高的几张照片莫过于津湾广场背景下的解放桥、霓虹绚烂的天津之眼和天津地铁币。天津地铁币不知不觉地成为天津的名片之一。首先，圆滑迷你的外形，配上鲜艳的颜色，让人觉得轻巧的塑料小币像玩具一样可爱；其次，对于国内大多数已经开通地铁的城市来说，与常见的磁卡式相比，代用币式的地铁票显得更新颖一些。

代用币，顾名思义，是指由现金兑换，在某些公共场合为了方便结算或快捷消费等原因而使用的一种替代品。按照使用领域，代用币可大体分为交通类、游戏类和通讯类三种。交通类代用币是在某些公共交通工具上使用，游戏类代用币是在游乐场或街机游戏厅内使用，而通讯类代用币一般指公共电话代用币。从材质来看，代用币一般有金属类和塑料类（或内置芯片）两种。它和纪念章类似，都不属于真实货币，但在收藏领域同属“邮币卡”中的“币”类。在收藏热的大背景下，越来越多的收藏爱好者热衷于搜集非传统类的个性化收藏品，代用币的关注度也在不断上升。

手机和网络的全民普及，使得目前公共电话的使用范围和频率十分有限，通讯类代用币的收藏也主要集中在20世纪中期前后国内几座特大城市内出现的电话代用币和国外品种。街机游戏厅虽然在大中型城市内数量不少，但规模和风格差异偏大，有些代用币的设计和制造也不十分精心，从而对收藏来讲，直接影响了游戏代用币的体系划分，使归类和研究存在一定困难。随着近几年地铁在全国各大城市陆续开通运营，地铁代用币每天在成千上万的乘客之间流动，交通类代用币也逐渐成为目前分量最重的代用币种类。

交通类代用币一般都具有车票性质，目前可分为三类。一是轮渡类，即在游船或摆渡船上使用的代用币，存在城市包括上海、香港等；二是快速公交类，开通快速公交并使用代用币的城市有厦门、成都、绍兴等；三是最常见的地铁类。据不完全统计，使用地铁代用币的城市除天津外，还有广州、深圳、南京、长沙、武汉、台北、高雄等。与北京、上海这样地铁建设年代早且地铁网络覆盖率已经很高的城市不同，这些城市的地铁建设大都进入发展期，既有线路初见规模，属于在今后几年内还将大力扩展地铁运营范围的一部分。

地铁代用币的设计原理与常见的IC卡类似，是将带有数据读写功能的集成电路芯片嵌装在直径为30毫米、厚度为2毫米的塑料圆盘中。乘车前，将其放置在检票闸机读写器的可识别范围内，阻挡装置自动抬起后入站。出站时将代用币投入检票闸机即可。它与磁卡式车票是目前地铁车票最主要的两大品类。代用币作为单程票使用时，与储值票区别明显，出站时直接投入检票闸机，不会和储值票混淆。并且代用币的性价比较高，因为磁卡式车票本身又薄又软，很容易人为损坏，在与机器进行长期频繁读取时磨损会十分严重，导致失效。而代用币表面材质坚硬耐磨，即便票面稍有损坏也很难伤及芯片，大大延长了使用寿命。更为特殊的一点是，代用币本身具有在一定轨道内可沿重力方向自动滚动的物理特点，相比较磁卡式车票，在检票闸机内不必再安装传动电机，亦减小了设备制造和维护成本。另一方面，代用币也有不足，因为体积过小，在乘车时携带感不强，容易丢失；可印刷文字和图案的表面积小，不像磁卡式车票可印刷地铁知识或公益广告。但总的说来，从目前情况看，使用代用币式车票将成为大势所趋。

在地铁多年建设发展和科技进步的时代背景下，地铁车票的材质由单纯的纸张过渡到现在的电子元件票种。如北京、上海这样的地铁“资深”城市，有早期纸票和目前磁卡票两个阶段。但这种阶段划分并不绝对，1979年通车的香港地铁，从肇始期就采用磁卡式车票并一直沿用至今。天津地铁票历经三个票质，从已经在收藏市场上一票难求的老地铁早期纸质车票，到前段时间在电视节目上热议的蓝、红、橙三张一套的老地铁乘车卡和九号线津滨轻轨运营初期曾经使用的磁卡式单程票，再到现在多条线路联网统一后的代用币。天津地铁票质变化可以说在走一条适合本地情况的常规发展道路。

相对于其他城市地铁，天津地铁代用币的种类也相当丰富。包括已经退出流通和目前正在使用的币，按照使用时期可大致分为三部分，共12枚。

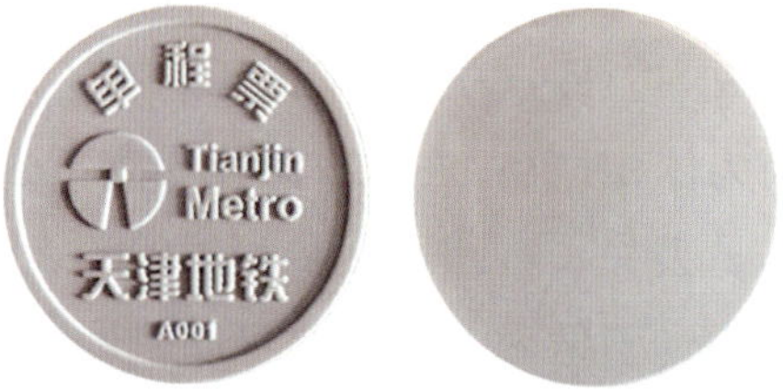

灰色地铁币仅在部分开通纪念册中镶嵌

第一部分是2006年地铁重新开通后未联网期间发行的四枚币，有最常见的两枚绿色单程票，正面带有“天津地铁”标志和中英文字样，背面一种为空白，一种印有某银行天津市分行字样和标志；除上述两种外，还有一枚只在地铁开通纪念册中出现过，外形及图案与背面空白版绿色单程票完全一致，只是颜色为灰色且未见其

重新运营后使用的地铁币，有些附带广告

正式流通使用；另外一枚也与上述代用币外形类似，是橙色应急票，值得注意的是这枚币收藏于地铁一周年纪念册中，且到目前为止还在出现紧急情况或重大节日时流通使用。

第二部分是津滨轻轨9号线在2010年10月前后发行的四枚币，一面有“津滨轻轨”“单程票”中英文字样和轻轨标志，另一面有轻轨公司全名和企业口号。这四枚币外形完全一致，只是颜色不同，但发行方式相当复杂。蓝币使用范围最广，是当时轻轨中山门终点站与滨海新区方向之间2、3、4、6元票价时使用，这枚蓝币一直流通到2012年10月全线联网的新币统一之前；淡黄币是中山门站前往塘沽站即5元票价时使用；紫币是塘沽站前往市区方向时使用；浅绿币类似应急票，在举办重大活动如足球比赛时使用。

第三部分是目前正在使用并带有“天津轨道交通”和“单程票”中英文字样的新款代用币，共有4枚。一枚是2011年9月前后发行的绿色代用币，替代了上文介绍的第一枚绿色代用币；第二枚与第三枚分别于2015年3月和10月推出，是在前一版基础上背面刻上文字的版本，目前与上一枚并行流通；最后一枚是新版橙色应急票，目前与老版应急票在指定时间或场合中同时使用。

近年来许多城市的轨道交通公司在开通地铁前会征求多方意见，决定车票的主要类型是采用代用币式还是磁卡式，而代用币式车票得到了越来越广泛的认同，可见地铁代用币的诸多优点还是值得关注的。天津地铁代用币作为国内地铁代用币发展丰富和完备的一员，还将不断发展下去。而人们在网上展示地铁代用币时，不仅因为地铁代用币新颖可爱，还源于对这绿色小圆片背后国家倡导绿色出行方式的支持与推广。

四枚一套的轻轨币，发行方式复杂

两种应急票，在重大活动时使用

天津地铁纪念卡

随着我国经济飞速发展，城市化进程不断加深，城市的交通需求日益增长。地铁作为环保、快速的大运量交通工具，逐渐连通重要的交通枢纽及城市的各个角落。1971 年，北京成为我国最早投入使用地铁的城市。截至 2017 年 4 月，我国大陆及港澳台地区运营地铁的城市已达 32 座。无论是上班族还是外地游客，地铁卡常常是每天路途中的必备物品。地铁卡作为一种乘车凭证，伴随地铁本身的发展，同样经历了革新和变化，成为地铁爱好者和票证收藏者交流、研究的对象。

地铁卡的前身是地铁纸票，例如早期开通的北京地铁和天津地铁，因资金和技术条件制约，使用纸质车票乘车，购买和检票方式与公交车票和电影票类似。其中包括一次性使用的单程车票和某些地铁发售的纸卡式月票。时至今日，地铁纸票还在发挥一定作用，一些地铁开通前的试乘券、纪念票和兑换券仍然采用纸票形式，用以短期使用和留存纪念。早期的地铁纸票因使用年代久远，存世量少且防伪性不强，收藏难度较大。

进入新世纪，自动售检票系统逐渐应用于各大城市地铁中。这类以计算机数据处理为核心的新型票务系统，搭载技术性票卡，已经成为世界范围的普遍形式。卡式车票可反复使用，降低车票成本，更利于环保，在售检票过程中极大降低了人工压力，高效便捷。同时在运营后台可以实时查看票卡和系统数据，从而更有效地管理和掌握动态。早期的卡式车票为磁卡式车票，以大体时间先后又可分为磁条车票和全磁卡车票。中国最早的卡式车票是香港地铁于 1979 年 9 月 30 日发行的灰底“香港地下铁路纪念车票”，在香港首条地铁观塘线开通首日使用有效，此卡为磁条式。此外，上海地铁在 20 世纪末为借鉴香港地区及新加坡的票卡经验而测试所用的早期试机卡，亦采用磁条式。磁卡车票后期开始普及全磁卡车票，此类车票与早期电话磁卡技术原理相似，将票卡的一面涂刷具有数据记忆功能的磁性涂料。相较于磁条式车票而言，全磁卡式车票使用耐久度更高。包括天津地铁、广州地铁在内的我国大部分早期地铁所使用的磁卡车票，即是全磁卡式车票。目前普遍流行的地铁卡为新型的非接触式卡票，即IC卡。IC卡式与磁卡车票外形相似。磁卡车票是通过磁条或磁性涂料的磁场变化来储存信息，而IC卡是通过与信源产生交互作用后，在内置芯片中处理信息。从使用寿命、存储容量和数据保密性看，IC卡有很大优势。卡身采用柔韧耐磨的塑料材质，不但轻薄便携，双面空间也可印刷乘车信息或精美图案。IC卡式地铁卡的普及和发展，带动了全国范围内地铁卡收藏的浪潮。地铁发展作为城市建设的缩影，与人们的生活越来越紧密，其中饱含现代化元素。诸多原因促使地铁卡作为现今邮币卡收藏中的重要一员，越来越受到收藏爱好者特别是青年藏友的关注和青睐。

三枚一套的乘车卡，是早期电子化票证的有益尝试

天津地铁对纪念卡发行和使用的尝试开始于20世纪90年代。三枚一套的“天津地铁乘车卡”最为知名。三枚卡分为蓝、橙、红三种颜色，分别代表新华路站、西南角站和西站。值得研究的是，上方印有老地铁线路及车站简图和现今地铁2、3号线的走向草稿，由此可推断对新线路的构想最迟于二十多年前已具雏形。另外一枚“天津地铁首次发行乘车卡”更为难得，卡面以单一绿色渲染出列车行驶图，左下方和右方有当时天津地铁的标志。此卡是全国范围内最早的

地铁专用储值卡，因技术和经验等原因，使用很短时间即被地铁公司回收。技术含量高、象征意义突出以及存世量极少，使得该卡成为天津地铁纪念卡中当之无愧的“龙头”。

天津地铁新时期发端于2004年津滨轻轨九号线投入试运营。地铁纪念卡随之推出。轻轨在尚未与其他地铁线路联网之前，曾发行至少四种纪念卡。其中包括红底金字的“首日运营纪念票”、八枚一套的“车站系列纪念票”、蓝色和绿色两枚一套的“正式运营纪念票”以及红色和蓝色附带广告版本的储值票两枚。因轻轨主要服务于每天往返中心城区和滨海新区的乘客，加之当时对地铁纪念卡的收藏意识不强，使这些票卡目前在收藏市场上难觅一二。轻轨票卡收藏包含于地铁收藏，又具相对独立性。包括轻轨纪念卡和不同颜色及背面广告的单程票卡的系统性集存，一直是藏友们津津乐道的话题。

天津地铁1号线于2006年重新通车试运营。如果从2006年发行的三种不同包装版本的“开通纪念票”算起，至2020年的“庚子鼠年生肖纪念票”，已经发行不同款式地铁纪念卡近百种。按照票卡性质归类，可分为无芯片、储值、城市一卡通、计次和日票五种。例如“牛年生肖纪念

生肖纪念票多为二枚一套

天津地铁牛年生肖纪念票

票”中包含无芯片卡，计次和日票为方便短期在天津停留的外地游客所设，近年来多有发行。按照数量归类，可分为一枚、二枚、三枚、四枚、六枚一套。其中一枚和二枚最为常见，三枚装如2015年全国城市轨道交通公益票卡大奖入围奖的“欢乐一家纪念票”，四枚装是2015年“文明乘车纪念票”，六枚装是2008年“鼠年生肖纪念票”。

此外，还可按照题材划分，如试乘类、开通类、节日类、活动类、社会生活类和特定人群类等。 地铁纪念卡重在“纪念”，与普通票卡相比，

留存意义更大，不仅票面精美，且通常为溢价发行，发行量小，使用时间短，收藏投入较大。早期品相完好的纪念卡，市场价格可达千元。如鼠年至龙年的生肖纪念卡，后期集存难度很高，近日来一些藏品交流网站上打出了五套卡共售4500元的价格。此外某些珍稀的纪念卡并不在地铁站内发售，有些亦无公开发售信息，增加了票卡的神秘度。其中包括2016年发行的“天津城市定向户外挑战赛纪念票”，此卡是为此次定向运动所设，

天津城市定向户外挑战赛比赛中使用的地铁票

参赛者利用地图和指向线索，在最短时间内通过各类交通方式到达指定目的地。此卡可在活动当天乘坐地铁时使用，仅发放给当日参加比赛者。卡面背景运用泼墨手法，中间是一位正在跑步的运动者的版画图案，整体画面呈现绿色，寓意绿色出行为生活带来的便利。另外一枚“中国城市轨道交通协会成立五周年纪念卡”，此卡是为会议纪念册所设计，全国26座拥有地铁的城市，各方特制纪念卡一枚，仅在会内限量发行。卡面以蓝紫为主色，上方印有天塔、天津之眼、津湾广场、津塔、“水滴”体育场等天津标志性建筑的夜景照片，下方配有一辆疾驰动感的地铁六号线列车。它寓意六号线将在天津城市发展进程中扮演不可或缺的重要角色。卡面图案华丽丰满，凸显城市特色，实属收藏佳品。

中国城市轨道交通协会成立五周年纪念卡，没有公开发行

京津城际票卡收藏价值高

2018年是天津开通铁路130周年。天津开埠后，西方文明科技迅速传入，工商业持续发展，交通运输需求不断增长。1888年，我国第一条政府批准兴建的铁路唐胥铁路延伸至天津，天津成为我国第一座使用国际标准轨距铁路的大城市。此后，全国出现修建铁路的热潮，至20世纪初，以天津为中心的铁路网基本形成，加速了各地的经贸往来，城市规模加速扩张。铁路不仅促进了经济增长，机车制造和线路运营同样带动了工业文明和规范化管理的深入普及，加速了城市现代化进程。

北京和天津作为北方最大的两座城市，各领域往来频繁，依靠高速铁路，可使往来两地的时间消耗大大减少。京津城际是我国最早开工建设并建成的第一条时速350公里高速铁路，于2008年8月1日通车运营，接替2000年开通的由神州号柴油动车组列车担当的京津特快列车，我国亦正式进入高铁时代。2018年8月1日，京津城际全部由复兴号标准动车组列车担当，8月8日恢复时速350公里运营。十年来，京津城际以安全运行、速度快、运能高、节能高效等优势，推动交通运输的深刻变革，同时为京津两地旅游探亲、商务交流、日常通勤等各类人群提供公交化服务，为京津冀协同发展提供了交通一体化的先行保障。

京津城际纪念票折

京津城际创造的多项“第一”，使相关票卡的收藏热度持续增长。在京津城际发展的多个重要时间节点，都能看到许多火车迷和普通市民登上首发列车，珍藏当日车票。铁路部门首先在京津城际开通时发行全国首张浅蓝色磁卡火车票，代表城际列车的车次编号字头“C”同时启用。此票不仅美观耐磨，防伪技术加强，并可满足京津城际多车次、大客流的进出站需求，乘客可持车票插入闸机自动检票，通行效率显著提高。补票证采用硬纸彩色印刷，右下方印有编码，补票时由工作人员书写时间、所乘车次和列车的起始点名称。

短暂发行的卡式参观券，有天津站和北京南站两种

京津城际开通时，铁路部门发行了卡式站台票。此票一套两枚，主图分别为北京南站和天津站的建筑外景图。这两座各具特色的火车站为配合京津城际开行进行了重建或改造，格外雄伟壮观。票幅虽为卡式标准，但票面设计仍然遵循传统站台票风格，在右侧以明黄色分割出“副券”区，标明票价、站名及编码。目前在收藏市场上，此套站台票较为难寻，开通当日发行的尤为珍贵，成交价格多在百元以上。另有一套纪念站台票，采用常规门券版式，一套四枚，画面分别为行驶在永定门前和停靠在天津站的城际列车，以及北京南站、天津站的航拍图。照片并未完全占满票面，而是用圆角方框围起，在左侧和下方标注京津城际铁路和中国铁路的中英文字样。别出心裁的是，保护站台票的软折外套，不仅印有京津城际的中英文简介和京津的旅游交通图，在展开后还可摆出列车样式，在软折两端分别裁剪出圆润的和谐号动车组车头造型，设计新颖，有效地提升了票券的观赏性。

京津城际同样是最早发行火车预付卡的线路之一。预付卡适用于经常特别是每天通勤的乘客，与公交、地铁等交通卡类似，将金额充值到卡中，乘车前不必再提前购票取票，直接刷卡取号，一般可乘坐发车时间最为靠前的列车，出站后刷卡扣除乘车费用。目前正在使用的是2012年发行的中铁银通卡和2017年发行的同城优惠卡，两种卡带有芯片与磁条，仅限个人使用。根据充值金额和座位等级的差异，有金卡和银卡两种版别，中铁银通卡背景为铅笔素描风格的和谐套动车组车头图案，同城优惠卡图案为

京津城际铁路快通卡普通版，存世量小

中铁银通卡，共两种，金色版本可乘坐一等座

北京南站、天津站的照片，突出卡的同城主题。2009 年京津城际铁路快通卡发行，此卡分为金卡和普通卡两种，因卡流通时间较短，存世量不高，目前收藏价格单枚在三百元左右。卡面图案为行驶在高架桥上的京津城际列车，以树林作为映衬。金卡在卡面顶部用金色覆盖，注明卡名，普通卡顶部为蓝天白云，直接标注卡名。卡面设计简洁，色彩清新，列车造型极富动感，凸显京津城际的快捷便利。

京津城际纪念站台票

天津公交卡

公交卡，指乘坐公交车时所使用的卡片。这里谈的是绝大多数的公交卡，集成电路卡（英文为 Integrated Circuit Card，简称 IC 卡）的一种，即非接触式 IC 卡。它的内部由线圈和芯片构成，当卡身接近外部配套设备时，通过无线电波或电磁感应的方式，与外部数据库进行信息传输。此种卡片不同于公共电话卡、手机 SIM 卡等接触式 IC 卡，最大亮点在于解决了卡内无电源和免接触的技术难题，具有读写易、操作快的优势。基于这些特点而制成的公交卡，被广泛运用在公共交通领域，并发挥着重要作用。

从乘客角度看，公交卡的使用，免去了每次乘车前准备零钱的麻烦，不仅环保耐用、美观小巧、便于携带，同时操作快捷，在卡片靠近刷卡机识别区域的瞬间即可完成消费，甚至不用从钱包或手袋中将卡取出，在一定程度上加快了公交流速。对于公交公司来说，刷卡这种非现金乘车方式，大大减轻了售票员和点钞员的工作压力，车上安装一套刷卡设备，便可在乘客刷卡时完成一系列收费动作，同时减小了因假币、残币而带来的经济损失。整套系统中的电子金额，通过网络传输和计算机处理，易于结算和统计，也加快了企业的资金流转速度。此外，通过公交卡和数据库分析，可以计算出每条线路在不同时段的客流量，这有助于公交公司调整线路走向和行车时刻表。基于上述优点，各地公交公司一般都会给予票价优惠的措施，鼓励乘客刷卡乘车。同时节省下来的成本和开支，可以加快公交基础设施建设和乘坐舒适度提升等硬件投入，使乘客和公交企业二者形成良性循环。

从乘车角度说，公交卡因其诸多特性，可以说是零钱和纸质车票的继承和替代者。随着资金电子化和数据网络化的发展成熟，在我国发展不到二十年的时间内，刷卡乘车已经成为市民乘坐公交的主要消费形式。根据住房和城乡建设部IC卡应用服务中心2016年的统计数据，全国已经实现城市一卡通互联互通的城市共计72个，全国总发卡量达到7.5亿张，名副其实地成为城市居民出行不可或缺的物品。

公交卡作为“邮币卡”收藏的一员，近年来在收藏细化程度加深和各地公共交通事业不断壮大的双重因素影响下，越来越受到收藏爱好者的重视。在京、沪等地每年举行的卡博会、卡交会上，相对于电话卡和银行卡，公交卡也逐渐展现了作为后起之秀的独特魅力。

一般认为，我国公交卡的历史可以回溯到1996年。当年11月，深圳公交率先发行了非接触式公交IC卡，深圳同时也成为全国第一座发行和使用公交卡的城市。此后香港、北京、上海、天津等城市陆续投入使用公交卡收费系统。最早使用公交卡主要集中在较大城市，一是因为城市规模大、人口密集，公共交通系统规模发达度高，从而对公交卡的使用更加迫切；二是公交卡结算交易系统在建设初期，软件、硬件方面均需要较大花费。公交卡在这些城市的广泛应用，得到了广大市民的认可和良好的社会经济效益，同时也为后续其他城市投入建设和使用，提供了充足动力和宝贵经验。

1999年发行的天津首枚公交卡

笔者收藏有一张1999年12月发行的公交卡，卡身两面都印有“天津金轮卡首发行纪念”和“天津市公交集团有限公司(以下简称‘天津公交’)”字样，两面分别印有天津城市道路网和海河沿岸的城市夜景，卡内无初始余额，充值后可作为普通乘客卡进行消费，卡片外带有彩色精装卡折，便于保存。这张天津最早发行的公交卡，作为首发卡和纪念公交IC卡计费系统的开通，具有史料和收藏两方面的意义。公交卡由此开始逐渐走入天津乘客的视野，发行纪念卡的传统也由此滥觞。

同月，天津公交先后发行了两套纪念卡，分别是“千禧纪念卡”和“庆澳门回归纪念卡”，四张一套，每张卡内都含有50元人民币的初始乘车金额，并和首发卡一样是双面印刷并附带卡折。千禧纪念卡以红与金为主要底色，红色代表喜庆祥和，金色代表千禧金龙和华贵辉煌。卡面印有天津市抗震纪念碑、天津体育馆、天津站和天津广播电视塔等地标性建筑，目的在于纪念千禧年来临和宣传天津城市发展建设面貌。而另一套庆澳门回归纪念卡，以红和绿为主要底色，红色代表中华人民共和国，绿色代表中华人民共和国澳门特别行政区。卡面印有澳门著名建筑妈祖阁、大三巴牌坊、葡京酒店和澳凼大桥等，寓意澳门在回归祖国后将会更加蓬勃发展、繁荣昌盛。这两套纪念卡的特殊意义在于，开创了天津公交卡纪念国家大事和公众事件的先河，此后天津公交在贺农历新年、迎奥运、庆祝党的生日等事件上均有纪念卡发行。此外，发行多张一套的纪念卡，可以展示更多内容，彰显事件本身的重要性和纪念意义。庆澳门回归纪念卡还可按照卡上编号顺序，将四张卡拼接成澳门特区区徽的完整图案，设计新颖、美观，这种拼图卡的创意，当时在全国范围内并不多见。

天津公交卡可以按照不同方式进行分类。如果从 1999 年末的天津公交首发卡开始算起，基本种类可以根据时间顺序分为三种，一是上文提到的由天津公交发行的公交 IC 卡，亦

美多多食品与城市一卡通的联名卡

称金轮卡；二是由天津城市一卡通公司（以下简称“一卡通”）于 2006 年首先在滨海新区试点发行，而后在全市范围内推广使用的城市卡；三是在 2013 年 10 月加入全国城市一卡通互联互通平台后，天津公交于 2014 年 4 月试发售的城市公交互通卡。从近年来发展状况来看，天津公交发行的金轮卡、城市公交互通卡和一卡通发行的城市卡，互不干扰，并且在乘客使用方面侧重不同。天津公交发行的公交卡，目前主打全国公交互联互通优势，只要带上此种公交卡，即可在已经加入该平台的城市中直接刷卡乘车，适合经常到各地出差的人群；而城市卡的主要特点是使用范围宽泛，不仅可以乘坐公交，还可以在地铁（轻轨）、出租车、购电、购水、购气等领域消费。

此外，值得收藏爱好者注意的是，两个公司还共同发行一些纪念卡，例如以前一直由天津公交发行的生肖纪

念卡，从2007年牛年开始由两家联合发行，以及2014年发行的“庆祝天津公交成立110周年纪念卡”等。天津公交卡的分类方式还有很多。例如从卡片材质或形状角度分类的常规卡、异形卡（迷你卡、水晶卡）、透明卡、纸质卡、皮质卡等；从卡内电子钱包个数分类的单钱包卡，以及天津公交和上海浦东发展银行、一卡通和交通银行共同发行的公交、银行单片双用卡，京津两地共同发行的京津一卡通等双钱包卡。而普通卡和纪念卡的分类方式，则能对公交卡收藏领域有更为清晰地了解。

普通卡的概念是针对纪念卡提出的。相对纪念卡，普通卡的卡面样式较为朴素，卡片使用范围更为单一，但普通卡通常为押金卡，不再使用时可以到相应客服中心退还押金，而纪念卡本身不退不换。天津公交发行的一些普通卡，还具有月票乘次卡的相应功能。普通卡在天津一般指天津公交发行的A卡（普通乘客卡）、B卡（普通月票卡）、C卡（学生月票卡）、D卡（郊区月票市区卡）、E卡（残疾军人月票卡）、H卡（通用卡）和新发行的印有中国银行保险监督管理委员会天津监管局统计研究处大楼的黄棕底色互联互通卡；以及一卡通发行的蓝色梦想、阳光时代、紫色地球、梦幻之城、锐色城市五种城市卡。

紫色地球城市卡，曾作为地铁月票使用

随着国家大力倡导绿色出行和公交卡收藏热的兴起，发卡单位也看重这一契机，发卡总量逐年递增，纪念卡种类也更加丰富。笔者粗略总结了五种。一是节日、重大事件纪念卡，例如上面提到每年农历年初发行的生肖、公交百年华诞、奥运体育项目等；二是风景名胜卡，比较典型的是2006年发行的滨海海门大桥、金融街和青藏线、藏羚羊；三是传统美德、公益活动卡，例如百善孝为先、低碳生活；四是经典电影、动漫角色卡，具有代表性的是近年来一卡通持续发行的加菲猫、凯蒂猫、机器猫和变形金刚等；第五类是发卡单位和其他单位合作推出的卡，这些单位有团市委、天津交通广播、天津通网站、渤海银行、美多多食品等。

蓬勃发展的公交卡，也带动了更多普通市民加入到收藏队伍中。仅就天津本地而言，无论是网络中的公交

天津公交“百善孝为先”宣传卡，二枚一套

媒体纪念卡

论坛、收藏热线，手机中的微博、微信平台还是每周末的古文化街市场，都有越来越多的收藏爱好者参与其中。他们发布和分享购买信息和收藏心得，并经常在周末和节假日组织公益活动为市民义务指路，为天津公交的健康成长献计献策。未来公交卡的使用，将会使市民的生活更加便捷。公交卡的手机查值、网上充值等功能在逐步开放；除现有范围外，自动售货机、超市和便利店也开始接入公交卡交易系统；此外国内各大城市实现公交互联互通，也已基本实现。天津作为中国公共交通的先行者，一直在加大公交投入、方便市民出行等方面做出表率作用。因此，我们有理由相信，收藏天津公交卡的人也会越来越多。

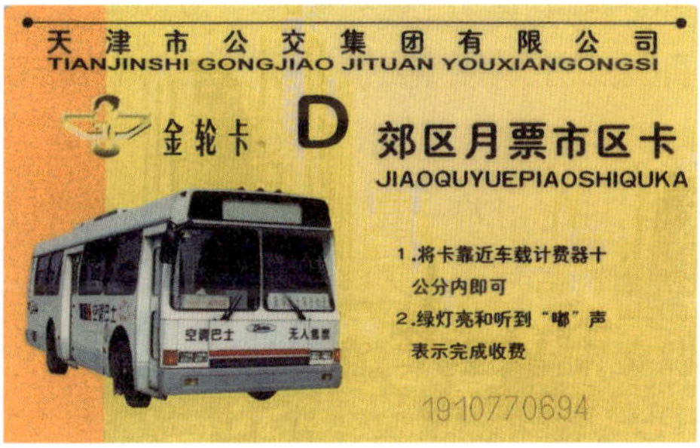

郊区月票市区卡，配合郊区纸质月票使用

联名卡收藏热度不减

2018年10月22日，天津地铁五号线开通试运营。当日在五号线部分车站和九号线发售“五号线开通运营纪念卡”，此卡售价25元，限量发行2000张。当日午前，所有车站基本售罄，随后在各大收藏网站均标出单枚百元以上，价格为发行价数倍且成交量不在少数，票卡受欢迎程度可见一斑。与此相差一日，天津地铁发售“秋之韵”节气主题纪念票，售价99元。收藏市场中此套票的成交价为130元左右。至于“五号线开通运营纪念卡”为何如此火爆，除售价低、发行量小、票卡设计美观外，它的联名卡身份也是重要原因。

联名卡是卡类收藏的特殊品类，常见为银行与其他机构联合发行的卡片，卡片在保证正常银行交易外，还可根据联名机构的要求附加特殊功能。卡面一般印有两家或多家单位的名称及使用规则。20世纪末，银行与各大超市发行的联名卡，带动了电子支付的消费习惯养成，成为市民手中最常见的联名卡之一。时至今日，联名信用卡仍为各大银行的主力卡类，凭借多重功能吸引众多消费者。交通联名卡引申了这一定义，即交通卡公司与其他机构联合发行的交通卡，区

5号线开通运营纪念卡，发售半日即已售罄

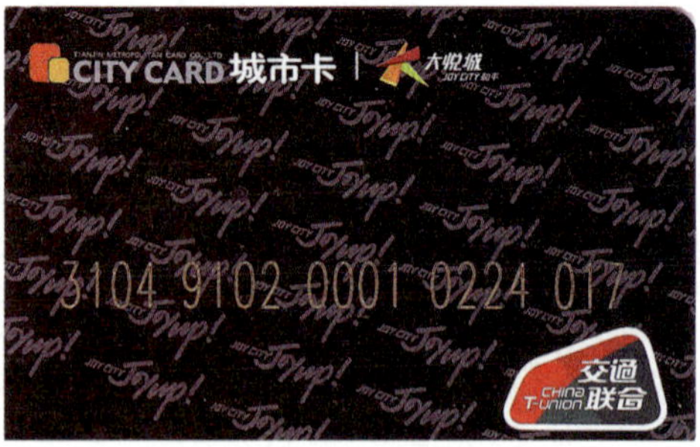

与大悦城的联名卡，通过商场活动获取

别于交通卡中的普通押金卡和纪念卡。许多企业和机构看重交通卡成熟完善的信息处理系统，以及广泛的用卡人群和使用频次，既可在交通卡的基础上搭载联名单位的支付系统，二卡合一，也可作为商业宣传或企业礼品之用。

上文提及的“五号线开通运营纪念卡”，是地铁与交通卡公司推出的联名卡，在乘坐地铁的同时，还具备了交通卡的其他功能，加上“交通联合”协议，使此卡可与其他省市交通系统对接，无形中扩展了使用与收藏人群。从另一角度看，与天津地铁相关的联名票卡种类较少，且多为现阶段难寻的早期珍贵品种。此前天津地铁与交通卡公司推出联名卡，年份最近的为2012年龙年生肖票，至今已有八年。

对交通卡而言，联名卡与普通卡、纪念卡相比，并没有统一的发行目录，也没有发售地点和价格信息，有些全凭“赶巧”发现。某些商场联名卡仅在活动当日发售，还要满足商家规定的某种资格或商场积分，即便收到消息，也并非能轻易得到，搜寻难度高，使交通联名卡的收藏被多数收藏爱好者纳入附带收藏或高级收藏之列。而在收藏市场方面，联名卡的种种特征，令成交价格普遍高于普通卡和纪念卡。许多藏友经常光顾收藏市场，发现联名卡即便是自身已有品种也会购入，转让给熟识的卡友，加大了联名卡在市面上的稀有度。

根据不同的企业和机构，天津联名交通卡可粗略分为十个种类。

公交生肖纪念卡，每年发行

一是公交、地铁等交通部门联名卡，如公交蛇、马、羊年生肖卡，庆祝天津公交成立110周年卡。二是银行联名卡，兼具银行卡功能。三是商场、便利店联名卡，可附加店内消

广告卡品种多样

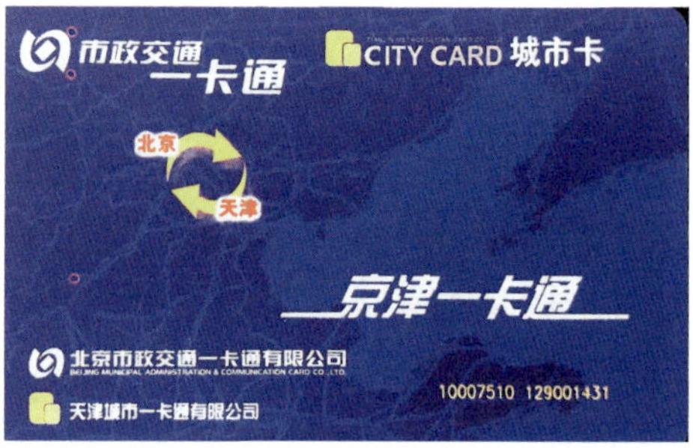

京津一卡通，背面可区分天津版和北京版两种

费积分系统。四是，媒体类联名卡，如十张一套的《城市快报》创刊十周年套卡。五是购物网站赠送卡，一些购物网站在活动期间，购物满规定金额，可附赠不同款式的联名卡。六是纯广告联名卡，主要包括酒店、旅行社、汽车销售公司等。七是其他消费系统联名卡，如天津市商业联合会发行的津城通卡，还包含停车支付功能。八是连锁企业联名卡，一些地产公司或培训机构，推出联名交通卡，可内置本单位的门禁和出勤打卡功能。九是校园联名卡，天津的多数高校已配备具有交通卡和校园卡双重功能的学生卡，便于学生校内外消费。十是与其他省市交通卡公司联合发行的跨城一卡通，目前有京津一卡通。此卡于2008年8月由京津两地交通卡公司联合发行，卡内具备两地电子钱包，用物理手段将两地交通卡合二为一。发售时期恰逢北京奥运会期间，受到观看奥运赛事以及经常往返京津两地市民的认可。此卡独具创意且设计精美，实用性强，同时具有较高的纪念意义，十年来热度不减。目前收藏市场上难得一见，全品相的成交价格可在五百元以上，堪称联名卡中的精品。

游船上的海河风景

海河，是天津的母亲河。两岸风光旖旎秀丽，河上桥梁各具风采。乘坐海河游船欣赏魅力天津，成为市民和游客必不可少的一项旅游活动。20世纪90年代，《天津日报》文艺副刊曾与有关单位合作，举办过海河风光散文征文，著名作家踊跃撰文，宣传了海河观光游览，弘扬了天津历史文化。

海河游船在每年海河非封冻期开航，因其具有专用码头和固定发船班次，属于市内公共水域客运项目，有一定的渡轮性质。与横水渡时代不同，游船航行的水域已有桥梁或隧道作为主要通勤方式，游船的更大意义在于观光游览。与海河游船类似的观光游船还包括上海黄浦江游览、香港天星小轮等，此种资源在国内并不多见，相应的游船类票券集藏针对性更强。除游船类票券外，水上交通游览类票券还包括渡口票，省际、国际航运票等不同品类。此类票券受城市地理特征所限，与公路、铁路、航空类票券相比，种类较少。这些票券可重点围绕天津、上海、香港等水运发达的城市进行搜集，更容易形成收藏系列。

海河游船票券，蕴含着海河文化和沿岸风光，可谓天津的一张城市名片。目前收藏市场可见的海河游船票券，可按照管理机构分为四类。

海河号船票，通过颜色和图案搭配使主题鲜明

第一类为海河水上运动俱乐部发行的船票和游览券，如海河号船票。1985年，第一艘海河游船“海河号”正式服役。“海河号”游船为蓝鲸造型，船头的观景区域设计为蓝鲸嘴部，围栏好似牙齿，充满创意。票券以蓝、白为主色，凸显水的属性。图中的游船正在行驶，前方配有波浪造型，动感十足。在游船顶部还可模仿鲸类呼

吸时“喷水”，也在票券中得以体现。“海河号”的出现，丰富了市民的休闲生活，在当时掀起了一阵乘船热潮。除背面乘船须知外，票券上还标注编码、日期、班次和票价信息，清晰明了。

黄莲圣母号，有浓厚的时代特色

第二类为天津市海河游览中心发行的船票，如“黄莲圣母号”船票。黄莲圣母，本名林黑儿，相传她出生在天津船户人家。在清末义和团运动中，黄莲圣母率领的女性组织“红灯照”，不畏牺牲，抗击外来侵略者。票券版式与“海河号”相似，以黄为主色，图中画有正在行驶的游船。此船为仿古画舫造型，1986年投入运营，设计为120客位。票券设计简洁，画风朴素，有浓郁的时代特色。上述两种船票存世量低且品相一般较差，收藏市场中带有副券的完整票券，成交价格在30元至50元。

第三类票券由天津市海河资产经营管理有限公司发行。一种票幅近似正方形的船票，上方印有“海河游观光船”，票面中间有玉皇阁、袁氏宅邸、冯国璋故居等照片，意为在游船游览线路中可观看到这些建筑。另有

竖版海河船票

一枚宽幅竖版船票，上方为海河远景照，照片中最高建筑为远洋宾馆，右侧桥梁为广场桥。大沽桥建成后，广场桥因交通功能弱化而被拆除。票券中部有豪华游船观光三号航行在金汇桥附近的照片，远处可见国投大厦和利华大楼。观光三号游船拥有81客位，为通体透明的全方位观景游船，图中游船悬挂红花绣球丝带，应为首航后不久所摄。

硬纸船票设计简洁

近年发行的发票式夜景船票

第四类为目前正在使用的票券，由天津津旅海河游船有限公司发行。常见品种有日间观光游和夜间游两种，票券选用了从金钢桥附近向西北方向拍摄的三岔河口照片，水中正在航行的游船及天津之眼摩天轮清晰可见。正是因为海河游船和天津之眼营造的美丽景色，此处也成为近年来国内“打卡”必游之地。此外，还包括学生票、儿童票、招待票等不同票种，这些票券构思巧妙，特色鲜明。儿童票采用卡通风格，描绘了两名儿童在彩虹围绕中欢快玩耍的景象。招待票中，河岸一侧高楼林立，以棕色怀旧风格渲染，下方河面宽阔，河水清澈。票券设计主题突出，典雅大气，具有较高的收藏价值。

近年，海河游船利顺德航线正式开通。此次线路延伸让游客从海河上就可以领略到利顺德、小白楼、泰安道五大院区域的美景，推动海河沿线旅游发展，收藏爱好者又可以集存到新式海河游船券了。

活动专用票

第四辑

城市生活类

CITY LIVING

天津早期相片袋

照相，是指用照相机进行影像记录的过程。照相机将光线折射聚焦后，通过化学变化存储在胶片或转化为电子信息存储在记忆卡中。再通过冲印或数字处理方式还原光学信息，用相片或显示设备观看。现存最早的相片由法国人尼埃普斯在 1826 年拍摄，此后伴随银版摄影法向湿版火棉胶摄影法等方式的过渡，照相设备特别是镜头的不断演进，感光定像材料的改良，照相术很快在全世界流传开来。1844 年，法国摄影师于勒 · 埃及尔随赴华贸易谈判的外交使团，在澳门和广州拍摄了最早的中国相片。1858 年，瑞士摄影师皮埃尔 · 罗西耶作为首位来华的商业摄影师，将立体摄影引入粤、港等地。在第二次鸦片战争中，西方摄影师开始在我国沿海城市旅行采风，为西方人传递最早的中国影像。1860 年，英国战地记者菲利斯 · 比托在英法联军第三次攻打大沽口时，拍摄了《失陷后的大沽炮台》等一系列相片，这是天津最早的影像记录。

福星照相馆相片袋

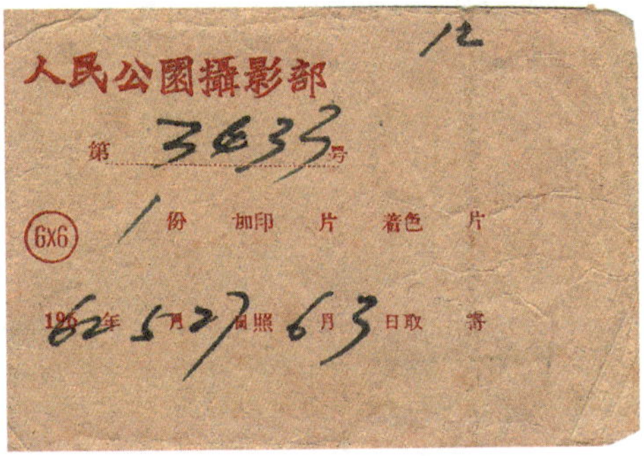

人民公园摄影部相片袋

天津照相业曾领先全国，有着骄人的历史。天津开埠后，中西交融，尽得风气之先，照相术很快被引入。最初，照相术多为宫廷活动服务，后因相片相较于传统画像更加逼真，成像更为便捷，受到达官贵人、富商豪绅和演出艺人的青睐。1875 年，广东摄影师梁时泰在英租界创办梁时泰照相馆，黄国华聘请宁波摄影师王子铭在法租界开设恒昌照相馆，此时还有武斋照相馆、德国照相馆等，同为天津第一批照相馆，开北方照相业之先河。后随时代发展，一些官署档案、商业文件、个人证照等内容附加相片一栏，名流集会、社交活动开始合影留念。此外在军事操练、工程建设、新闻采集方面对照片的需求亦不断增加。照相馆内，人像摄影业务日趋完善，布景陈设道具逐步丰富。不同照相馆还有各自特色，如世界照相馆的戏装照、中国照相馆的室外长条转机照等。中华人民共和国成立后，照相业焕然一新，照相馆收归国有并进行整合发展，技术力量和设备得到了普遍充实，在市中心形成鼎章、中国、东风三足鼎立的布局。

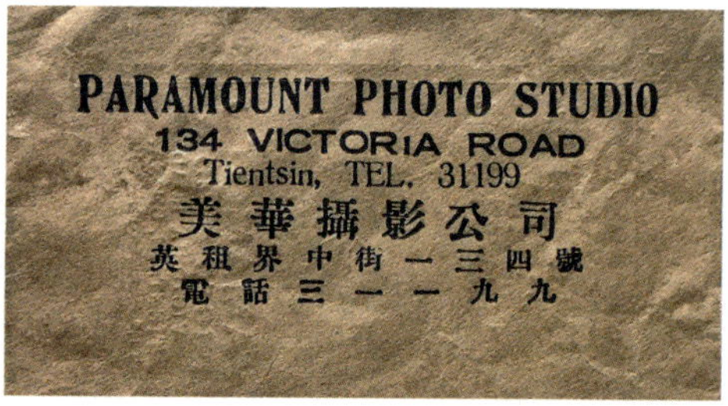

民国时期美华摄影公司相片袋

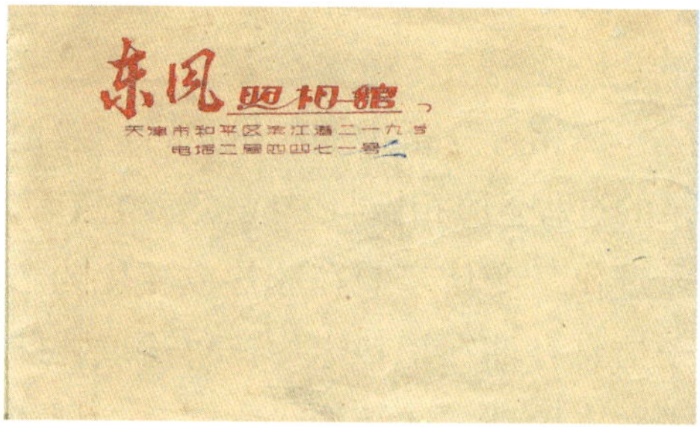

东风照相馆相片袋

相片袋是照相馆为保护和传递相片及底片而批量印制的纸袋。在收藏市场上可见到的早至 20 世纪三四十年代的天津相片袋，如美华摄影公司相片袋，文字版式与当时酒店便笺、银行单据类似。中华人民共和国成立后的相片袋的形制、颜色、材质与常用信封一致，有横竖版别之分。相片袋的尺寸，根据所交付相片大小而不同，常见为长 10 厘米，宽 8 厘米，多为装放一寸证件照所用。版式设计上，一面印有店名、地址、电话等文字信息，且文字绝大部分为红色，背面留白。为便于归类和登记，相片袋通常搭配传票使用。传票即销售联单，票面印有编号、服务项目名称、数量及取相时间。顾客在照相馆形成消费行为后，店方将填有各项信息的传票粘贴在相片袋背面，二者合为一体，作为消费凭证和相片包装。

鼎章照相馆相片袋，下方表格代表不同业务

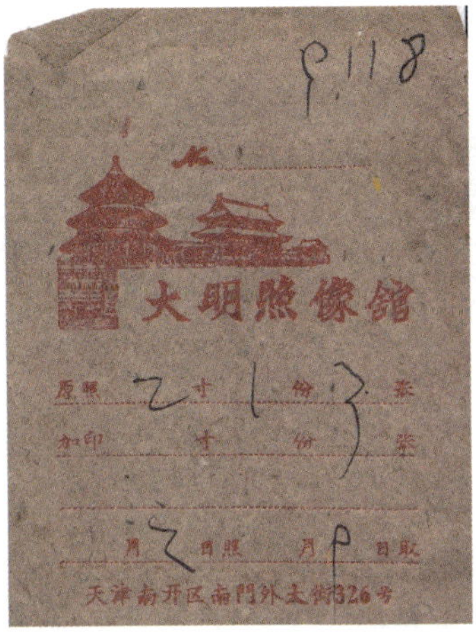

大明照相馆相片袋，图案为北京天安门和天坛

因照相属大众消费，相片袋存世量较大。但相片袋多与底片共同存放，长时间经过挤压和氧化，底片呈腐蚀状，连带相片袋也会损坏。保存完好、品相上乘的相片袋，市场价格多在二十元内。年代久远、存世量小的相片袋，成交价格可达五六十元。历史悠久、规模较大、生意兴隆的照相馆，如鼎章、中国、东风三家，不同版别的相片袋可达几十种。其中一只鼎章照相馆相片袋，颇有特色。鼎章照相馆创立于1912年，前身为恒昌照相馆。它是当时天津唯一设有大合影厅的照相馆，硬件设施一流。鼎章当时不仅为如孙中山、黎元洪等各界名流拍摄相片，还拍摄了大量社会事件和时事新闻相片，成为珍贵的历史记录。这只相片袋采用繁体字印刷，除必要文字信息外，还在空白处印有“底版保存方法”，文字外围印有两只衔着橄榄枝的和平鸽。下部印有各项业务的缩写，分别代表照相、修版、晒相、修点、着色，顾客选择不同业务时，在表格下方挑勾即可，便于归类。此袋设计精妙，内容丰富，实用性强并有一定的审美意义。

已成故纸的相片袋，与它所包纳的相片，共同成为历史的记忆和人生的珍存。

利克照相馆相片袋

彩票刮板可藏玩

彩票刮板，又称刮奖器或彩票刮，是一种刮开彩票涂层的专用工具。早期的即开型彩票并没有专用工具进行刮涂，仅在一些彩票投注站内准备少量硬币或作废的广告卡作为替代品。近年来伴随即开型彩票发售数量不断增加，彩票管理部门发现并弥补了这一空白，开始发行各类彩票刮板。使用彩票刮板，不仅更加规范、美观，同时也能起到很好的宣传作用。图案精美、造型各异的彩票刮板，作为个性收藏的重要一员，越来越受到收藏界的关注。

目前发行的刮板，依据式样可分为卡式刮板和异型刮板。卡式刮板有常规卡和小卡两种。常规卡刮板与银行卡、交通卡的款式一致，即为圆角矩形卡片。但在厚度上，一些刮板为在使用时不易折断，相应增加了厚度。小卡刮板为新出现品种，尺寸是常规卡式刮板的二分之一，在保持美观和印刷清晰度的前提下，不仅节约成本，且在使用时更加适合手部握持。体彩与福彩的卡式刮板在设计风格上有明显区别，体彩刮板种类偏少，图案内容多为各类彩票如 7 星彩、11 选 5、超级大乐透等标志和简要介绍；福彩刮板构思巧妙，图案就地取材，与同时段发行的刮刮乐彩票图案一致。因二者长宽比例有别，在布局上有些许差异，刮板图案更为紧凑。福彩在近几年的农历新年之际，发行了生肖题材的刮刮乐彩票，刮板也分别推出了 12 枚猴年常规卡刮板、11 枚的鸡年小卡刮板和目前可搜集到的 7 枚狗年小卡刮板。刮板内容围绕中国传统文

福彩“美梦成真”刮板

化艺术，如书法、绘画、剪纸、篆刻、脸谱等，搭配祥云、团龙等元素，颜色多取红、黄二色，衬托新春的喜庆气氛。

异型刮板即非卡式刮板，设计精美，造型独特，使用耐久度更高。绝大部分异型刮板的特点是表面钻有小孔或附带圆环，可穿入钥匙链便于携带或悬挂。较卡式刮板而言，成本偏高，发行量低。按照材质划分，有塑料和金属两类。早期塑料刮板有类似儿童立体卡通贴纸的彩票标志造型，更为常见的是“如意”造型的透明塑料刮板，长 6 厘米，有黄、绿、蓝等六种颜色，为增加耐用性，厚度约为 0.3 厘米。金属刮板中，福彩包括“闪耀钻石”“小鸡破壳”“猫狗爪子”等

福彩福袋小卡刮板

古代花钱风格的异型刮板

造型，天津体彩在 2017 年还发行过硬币型“津彩全运”刮板。另有一种福彩“花钱”型金属刮板，颇有特色。此刮板为圆形方孔钱造型，目前发现三枚不同文字版本，分别为“壹刮仟金”“彩运亨通”“满堂彩”。花钱是古代一种具有钱币外形，但不流通使用的物件。一般作为馈赠、玩赏、祝福之用。刮开彩票，中彩得金是吉利事，同样符合花钱的寓意。值得注意的是，此三枚刮板是为同名刮刮卡彩票而设，并且有三张与彩票相对应的卡式刮板共同发行。即一张彩票，一张同款卡式刮板和同名“花钱”刮板

福彩“5倍惊喜”刮板，右上方挖空，
可穿入线绳或挂起

2018年推出的生肖主题彩票刮板

福彩“彩”运亨通刮板，与同名异型刮板共同发行

组成一套小全集，有很高的收藏和鉴赏价值。

彩票刮板属新兴事物，现阶段收藏还属于起步期，可划入彩票类收藏或广告卡收藏范畴。作为刮刮卡式彩票的附属物，刮板并无公开发行的时间及品类等信息，一些成套或相同主题的刮板在不同地区无规则拆散投放，极大增加了收藏难度。例如较为知名的福彩太极拳刮板，卡面左下角的产品编码显示此套刮板应为全套25枚，通过联系全国几位藏友广泛搜寻，仅发现十余种。可能有两种原因，一是发行数量过少，二是尚未完成全部发行。寻找新品种彩票刮板，只能通过经常造访不同彩票投注站的方式，与经营者建立友好关系并阐明索取目的，得到对方认可，根据情况适当支付刮板成本费。此外，彩票刮板一旦投入使用，在反复刮涂彩票后，会出现划痕、掉色、附着污垢等情况，严重影响品相。但对于收藏来讲，集存过程的种种困难，也正是乐趣所在。彩票刮板的收藏爱好者虽然还是小众，但可通过收藏行为，保留一些可能被无意损坏或丢弃的藏品，在研究和交流的过程中，了解和宣传彩票相关知识，支持我国的体育和福利事业。

电影票里的天津岁月

电影，是由摄影机拍摄真实影像或通过计算机成像，加上后期剪辑而成的视听艺术。电影画面的动态呈现，是由于视觉的似动现象，使一连串静态照片的连续播放产生移动的错觉。法国发明家路易斯·普林斯于1888年拍摄的《朗德海花园场景》，是目前世界上已知的最早影片。1895年，电影先驱卢米埃尔兄弟在法国巴黎一座名为“大咖啡馆”的地下室内，公开放映了《火车进站》等多部影片。

天津作为中西合璧、古今交融之城，是电影最早传入中国的城市之一。1896年，法国百代公司在天津天丰舞台最早播放了电影，当时多被媒体称为“西洋影戏”“电光影戏”。“电影”一词开始出现，源于1905年《大公报》一则电影机器出售的广告语中。此后电影在全国范围内广泛传播，并逐渐成为一项重要的大众娱乐形式。

早期电影多在茶楼、戏园等固定场所放映。1906年，美国电影商租用权仙茶园放映电影。权仙茶园建于1904年，1907年改建，并命名为权仙电戏园，有学者考证此为中国第一家由国人经营的商业电影院。此后，光陆影院、光明社、明星影院、蛱蝶影院等陆续建成。1924年，光明社公映了苏联纪录片《列宁的葬仪》，这是苏联影片在中国的首度公映。1929年，平安影院放映了美国福克斯公司的有声电影《歌舞升平》，这是在天津最早放映的有声片。有声电影普及后，电影市场出现了一段繁荣，来自世界各地的片源不断增加，全市影院增至三十多家。20世纪30年代后期开始，由于时局动荡，战事频发，电影业进入了萧条期。中华人民共和国成立后，天津电影事业得到了长足发展。1956年，市内影院全部变为国营并逐步进行了修缮及改扩建，改善了观影环境和设施，提高了服务质量。几经兴衰，一些特色影院也先后出现。1954年，新闻影院开幕，成为我国第一家放映新闻纪录片的专业影院。1955 年，儿童影院开幕，成为我国第一家专为少年儿童观影而设的影院。

电影票除特殊的样式外，只能从文字上区分不同影院，而版式设计和票面尺寸多采用全市统一标准，这是与景区、博物馆类门券的最大区别。仅依靠颜色或文字搜集电影票，加之影院在几十年间更名和搬迁的情况不在少数，增大了收藏难度。从 20 世纪 50 年代开始，到近十几年推行的电子热敏纸票之前，电影票的版式大致可分以下几类。一是中华人民共和国成立初期，如第一工人文化宫、民主剧场入场券，设计风格类似早期纸钞，在票面四周围有简易花纹，上中部印有影院名称、座次等信息，底部印有“文化娱乐税税款已交”字样。在存根、主券和副券接缝处，盖有天津市税务局文化娱乐票的骑缝章。此类票券因年代久远，存世量小，中等品相的成交价格可达百元以上。二是 20 世纪 60 年代常见的票种，票面左侧多印有工农兵造型图案，中部标注影院及票种名。观影时间、座位号在另外一张长 4 厘米、宽 1.5 厘米的纸条上，纸条与主票正面粘贴，即成一张完整票券。因纸质所限，票券完整品相较少，市场价格在三十元上下。三是横格票，除必要信息外，票券每栏印有相同的数字标记。因影院内影厅数量增多，入场时，工作人员通过对应场次的数字标记进行检票。横格票是电影票中品类最多的一项，总体价格不高，成交价格多在五元以内。

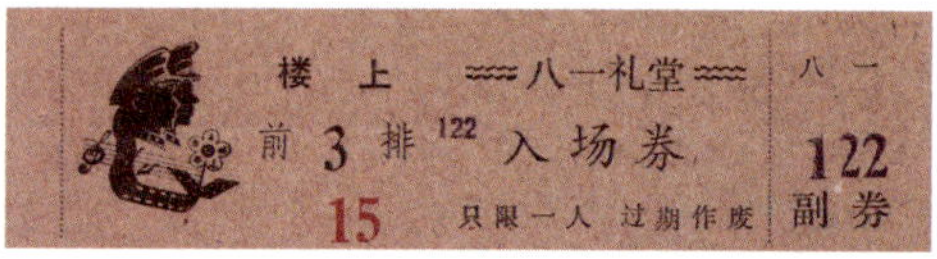

八一礼堂入场券，左侧有解放军指战员剪影

电影票收藏可从深度和广度两方面入手，一是重点搜集知名影院不同时代、面值和座次的电影票，二是重点搜集存在时间短、地处偏远、客流量不大的影院电影票。此外还有一些影院印行门券样式的电影票，虽设计简约，但仍有特点可寻。如八一礼堂票印有解放军指战员侧像和胶片、五线谱的图案，郭庄子影院票印有放映机的剪影，第一工人文化宫票印有建筑示意图，第二工人文化宫票印有齿轮的简笔画，音乐学院礼堂票印有竖琴图案……

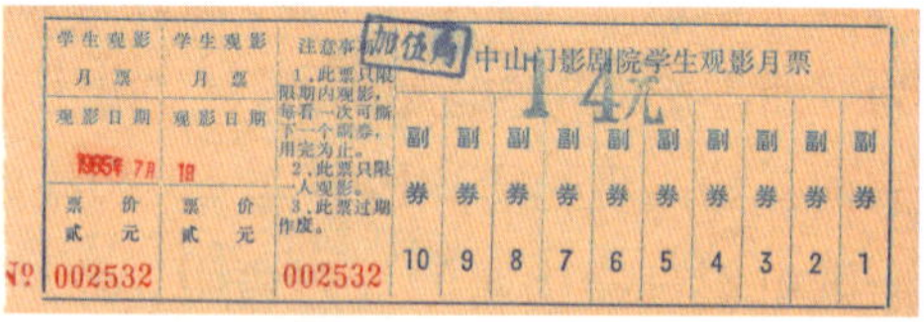

大票幅学生观影月票，信息丰富

电影票中还有一些特殊版本值得研究，如加盖票、竖版票、兑换券、招待券、优惠券、内部票等。一些影院还为经常观影的观众发行月票，如中山门影剧院学生观影月票，票幅较大，版式与常规横格票类似，十枚副券表示可观影十次，票面上方盖有总金额及增值章，信息丰富，有一定的收藏和研究价值。

新中央入场券

津百影剧院大中学生票

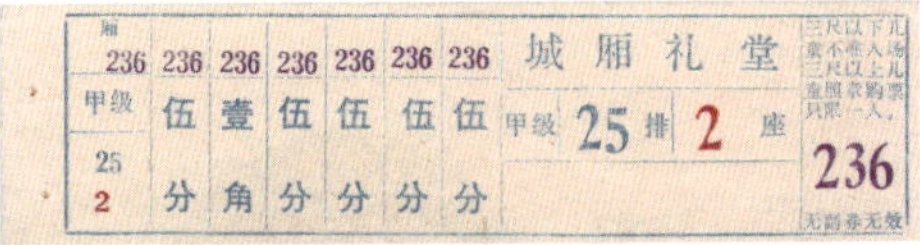

曾长期使用的通用版式电影票

未裁剪的光明电影院早期电影票

华北戏院入场券

人民剧场入场券

天津游戏代用币

每逢节日，邀请三五好友到街机游戏厅休闲一番，成为现在不少年轻人的聚会方式。无论是球类比赛还是模拟竞速游戏，都能起到锻炼身体和放松心情的效果。游戏是文化娱乐的一种，有研究者认为游戏是人的本能之一。德国文学家、哲学家席勒曾说："人类在生活中要受到精神与物质的双重束缚，而失去理想和自由。于是人们利用剩余的精神创造了一个自由世界，它就是游戏。"从公元前2600年起，游戏便伴随人类生活，成为不可或缺的一部分。如苏美尔文明的乌尔王族局戏、古埃及版图游戏塞尼特和流行于亚非多地的播棋，都是经过考证的人类早期游戏。

最早的电子游戏井字棋诞生于1952年，基于初代电子管计算机开发，它开创了人类的新娱乐时代。此后随着计算机技术发展，电子游戏在存储容量、呈现效果和复杂性上，都有很大程度提升。如今的游戏，不仅是拉动全球经济的重要产业，同时也成为不容忽视的流行文化。目前按照载体和平台划分，电子游戏可分为街机游戏、电脑游戏、电视游戏、掌机游戏和手机游戏。街机是放置在公共场所营业的游戏机的通俗叫法，1971年，运行游戏"电脑空间"的街机诞生。20世纪八九十年代，因家用电视游戏机性能较弱，电脑则偏重办公领域开发，街机游戏以出色的视听效果和操作方式，成为当时最流行的电子游戏种类。

街机作为公共设施，游戏前需要进行付费。机台上设有投币口，系统检测玩家投入足够金额的硬币后，会自动开始游戏。早期的街机与弹珠台、点唱机类似，多放置在酒吧中，投入本地硬币即可。日本及我国香港的街机延续了这种形式，一般使用当地货币消费，而大陆地区街机在考虑经济因素和使用习惯的前提下，通常使用游戏代用币。为方便统计使用情况，防止掺杂外币，不同类型的机台和经营街机的场所，使用专门设计的游戏代用币。近两年在收藏论坛中，有收藏爱好者询问带有竖向“中西”字样硬币作何用，此类币可从字体和材质上区分出多种版别，正是20世纪80年代街机出现在大陆地区后，游戏代用币的常见款式。

代用币是为快速消费或简易结算而产生的现金替代品，属于特定范围的流通凭证。成本较低且没有面值。除金属外，还有塑料和胶木等材质，有些类别还内嵌电子芯片。常见的代用币有交通类、通讯类和游戏类。游戏代用币作为现今代用币种类最多的一员，逐渐成为收藏爱好者个性化收藏的对象。从另一角度而言，越来越多的钱币研究者开始关注游戏代用币等“编外”藏品所折射出的工艺、历史、民俗方面独特价值，从而丰富和完善了钱币收藏的宏观体系。

除上述提到的“中西”币外，同时期的铜制游戏代用币还有“威利”“中南”“百乐”“如意”“天龙”等。与目前流通的游戏代用币相比，虽美观性较低、设计简单，但用料十足、做工精良。除“币名”外，币面上大都刻有城市名、地址、电话等实用信息，具有一定的研究和记录意义。早期街机游戏仅出现在国内几座较大城市如北京、南京、广州，普及度较低且经营耐久度不高，加之对此类物件收藏意识尚未形成，使得早期币存世量较小。单枚品相上乘的早期币，目前在收藏市场上价格不低于二三十元，已是此类币在实际流通时期兑换现金价格的几十倍有余。

北京和天津是我国北方较早流行街机游戏的城市。20世纪80年代，北京西单、王府井等传统商业中心已有多处经营街机游戏的场所出现。天津的街机游戏则发展于1990年前后，当时多集中于最繁华的滨江道商业街沿线。经营街机的场所除专业游戏厅外，还有大型商场的顶层休闲区，如劝业场、华联商厦、滨江商厦等。此外，在天津的部分影院、餐厅、景点和大型游乐场，都曾出现过街机游戏。这些场所均使用独特的游戏代用币，明黄或银色，金属材质，直径多为2.3厘米。适应当时消费水平，一元人民币兑换四至五枚，普通机台投入二三枚币即可游玩。

劝业场七层游戏厅游戏币，有电话、地址等信息

吉利大厦天马娱乐游戏币，图案为企业标志

其中一枚天津早期游戏代用币，颇有特色。此枚金属币直径2.5厘米，币的两面构成元素相似。中心位置是企业商标，外侧是由圆弧边拼接成的三角形图案，图案内部由企业名称的汉语拼音首字母构成，在其余位置加入经线密织的地球元素。在代用币的一面有“中国天津”和企业名称的繁体中文字样；另一面的同样位置，则由年份和企业英文名称组成。此类设计在当时并不常见，币面上的图案和文字，简洁明晰，从一定程度上体现了企业走向世界的意愿。另一枚币采用了小尺寸版式，直径为2.1厘米。此币设计精妙，尽可能在币面上展现了几乎全部要素。在币面一侧，明显位置同样是由名称的汉语拼音首字母拼接构成。上方是街机游戏厅的名称，值得一提的是，此名从娱乐的特点出发，选词古朴，让人印象深刻。下方为游戏厅地址，其余位置由小星图标装饰。另一侧镌刻企业商标，上方使用英文标明“仅供娱乐”，下方是电话号码。设计者借鉴了国外游戏代用币的典型版式，又融入了本地特色，币面信息丰富而不繁乱，实属难得藏品。

常见的天津游戏代用币，已逾百种。基于游戏代用币的特定功能，币面设计与流通货币相比有一定程度的差异。首先，币面常有游戏公司或游乐场的中英文或汉语拼音名称；其次，构成元素较为简洁，多为连续小

汤姆熊欢乐世界游戏币，材质和版式多样

滨江道艺苑大楼假日游艺宫游戏币，
设计堪称经典

和平路自由人游艺游戏币

星、圆环或无图案，甚至光背；再次，常标明代用币适用范围、用途及注意事项。由于币面简单，种类复杂，对游戏代用币归类和鉴别都存在一定难度。当然也要看到，近几年一些较大规模的全国连锁游戏场所，开始在代用币的设计环节下功夫，不仅币面选取运动男孩或动物吉祥物作为独特的企业商标，有些币种还镌刻公司网站地址，突出体现了时代特色。

风云再起游戏币，有企业吉祥物和网站信息

一枚枚游戏代用币，对于玩家兼收藏爱好者而言，不仅见证了时代的变迁，同样记录着青涩而快乐的童年。

天津电话磁卡

如果粗略调查都市一族每天清晨醒后首先要做的事情，可能大多数人都会不约而同地回答：打开手机。点开新闻客户端或购物网站，与朋友分享阅兵的精彩看点，或者订购一本榜单畅销书，都可以用手机轻松完成。先进的科技，带来了信息的极大丰富和传递速度的明显提升，尤其是近年来互联网与智能手机的普及，让信息与高速运转的社会成为密不可分的整体。电话作为日常通信工具，长期以来一直扮演着举足轻重的角色。但早期因费用昂贵，除单位的办公电话外，电话多安装在公共场所，如车站、旅店、餐馆等人员密集区域。随着20世纪90年代电子消费系统的发展，对无人看管的公共电话而言，拨打电话所产生的费用，一般通过电话卡扣费的方式进行结算。这些电话卡设计独特、样式繁多，兼具使用价值和审美价值，电话卡类收藏也由此滥觞。

当代卡类收藏的领域广泛，除电话卡外，还包括银行卡、交通卡等，但最初“邮币卡”中的“卡”，主要指电话卡。电话卡一般分为两种，一是电话磁卡，即上文提到的早期公共电话使用卡，二是在电话磁卡逐渐停止发行后推出的电话IC卡。电话卡的分类和公共电话的发展保持一致，而在一些国家以及国内少数城市，还出现过投币式电话机。这种电话机和磁卡式电话机不存在绝对意义的存在时间先后，但并没有在国内真正普及起来，这与硬币面值偏小、使用率不高和硬币存放盒容易损坏有很大关系。磁卡式电话机有不少优点，对于使用者来说，磁卡外形轻巧而便于携带，面值较大，可多次使用，省去每次找零的麻烦；对电话经营者而言，可以提前获得预付的话费，人工成本花费低且结算方便。

1977年起，比利时、意大利、法国等国家开始使用磁卡式电话。1982年日本开始发行电话磁卡，一直兴盛不衰，日本也因此被称为“电话卡王国”。1985 年，深圳引进瑞士亚斯康电话机，并发行了中国第一批电话卡在当地试用，这便是在收藏者口中有“中国第一卡”之称的绿箭卡，它揭开了中国磁卡式电话的序幕。随后深圳、上海开始使用英国 GPT 公司的电话系统。1987 年，广州引进日本田村株式会社生产的电话机。1989 年，北京、大连、福州等城市陆续开通田村电话机并发行了相应磁卡。为便于管理，邮电部电信总局于 1992 年规定统一使用日本田村株式会社及相关企业设计并制造的电话机和电话磁卡，规范了中国电话磁卡的制式。集卡爱好者口中的“田村卡”一词，也来源于此。中国的田村卡由天津磁卡厂生产，卡片较薄，轻且软，但印刷考究，色彩鲜艳，卡片正面印有刻度及面值，使用前将卡片插入电话机，通话结束后，电话机在刻度对应位置打孔表示余额。卡片背面有一层磁性涂料及保护层，磁数据就写在磁性涂料上。背面印有使用说明和发卡单位等文字。卡片大都在边缘位置设有导盲口，便于在昏暗环境下掌握插入方向。

电话磁卡可分为地方卡和全国卡，这两种卡在时间上存在一定的先后关系。1992 年开始，各省市开始陆续发行仅限当地使用的电话磁卡，即地方卡，这些磁卡面值不同，款式也多种多样。1995 年，邮电部电信总局规范电话磁卡的发行和使用，要求统一使用邮电部电信总局发行的全国通用电话磁卡，即全国卡。1996 年，地方卡陆续停止发行。

开通纪念卡，背景为水上公园

开通纪念卡，背景为灯火通明的南市食品街

1992 年 8 月，天津率先发行三枚一套的“津门三景”本地电话磁卡，卡面图案分别为电报大楼、水上公园和南市食品街，全套面值 80 元，是为天津磁卡电话准备开通而发行的。其中 50 元面额卡，卡面背景是南市食品街夜景照片。南市食品街于 1985

开通纪念卡，背景为电报大楼

年营业，是天津著名的美食聚集区和外地游客必逛景点之一，不仅因为其中囊括了八大菜系和各种风味小吃，还由于建筑风格独特、内外装饰古朴典雅，成为天津的重要地标。卡面虽为夜景，但呈现暖色调，灯火通明的绚丽外观，正好可以表明南市食品街的食客、游客来往不断和建筑本身的华丽之美。精美的磁卡也在一定程度上担当了城市的名片作用，一举两得。这三枚卡是天津本地卡中的第一套，标志着天津正式使用磁卡电话时代的开始，具有划时代的意义。

天津电话磁卡可大体分为三种：测试卡、加字卡和纪念卡。测试卡是非公开发行的电话磁卡，共三枚，主要是早期磁卡厂商对磁卡电话进行演示使用的。加字卡是1997年为纪念天津本地电话号码升至八位而推出的，值得注意的是，卡面本身并非全新设计，而是使用1994年发行的杨柳青年画纪念卡中的20元与50元两种面额卡，凑成一套，在卡片正面左侧加印竖向文字。纪念卡是天津电话磁卡中发行种类和数量最多的一种，构成了收藏的主体。从集存角度看，电话磁卡有别于银行卡和交通卡，而与邮票类似，即没有一种长期发行的默认款式，所有卡片均围绕某一专题进行设计，每次发行款式不同，而且售完为止。在正常使用的基础上，很大程度提高了收藏价值。

纪念卡的时间跨度，由1992年到1995年，在此期间发行了11套共计60枚。具体包括：津门三景3枚、

天津电话突破百万门纪念卡

津门十景10枚、杨柳青年画6枚、泥人张彩塑8枚、三国人物10枚、历代才女8枚、唐宋风韵4枚、本地电话容量突破百万门纪念1枚、世乒赛纪念卡2枚、世乒赛冠军奖杯7枚和首届中国京剧艺术节1枚。这些磁卡题材广泛、设计精美，不仅宣传了天津城市风貌和人文特色，还记录了节日和赛事的许多精彩瞬间，可谓匠心独运。

因新式IC卡电话在世界范围内普及，加之磁卡电话维护成本高、磁卡本身防伪技术差等原因，2000年，主管部门决定停止发行磁卡，2002年底开始拆除全国磁卡电话，磁卡停止流通和使用。

磁卡电话的十年，正是中国现代化建设和科技飞速发展的十年。磁卡电话虽已不复存在，但拿起一枚枚记录着历史时刻的珍贵电话磁卡，还可让我们回想起第一次拨打磁卡电话时的喜悦和兴奋。

首届中国京剧艺术节纪念卡

第43届世乒赛纪念卡，背景为天津体育馆

珍藏全运会会徽

中华人民共和国全国运动会，简称“全运会”，是国内规模最大、水平最高、影响力最为广泛的综合性运动会。全运会会徽作为我国体育精神和价值的优质载体，一直是体育收藏品的重要成员。珍藏历届全运会会徽，不仅可以欣赏不同时期、不同地域艺术设计和徽章工艺的代表性成果，还可以纵览新中国体育事业和体育文化发展进步的一个个缩影。

第一届全运会1959年9月13日至10月3日在北京举行。会徽由金色的跑道、金色的麦穗和红色的“1”字组成，麦穗代表新中国成立10年的丰硕成果，而似乎要冲出跑道的“1”字恰似上升的“箭头”，象征着当时人们热火朝天地建设新中国。第二届全运会1965年9月11日至9月28日在北京举行。会徽由金色的跑道、醒目的“2”字和一面飘扬的红旗组成。第三届全运会1975年9月12日至9月28日在北京举行。会徽图案由前两届的跑道变成圆形的体育场。

一运会会徽

第四届全运会1979年9月15日至9月30日在北京举行。会徽由金色的跑道和燃烧的火炬组成。从这届全运会起，组委会开始尝试向市场发售少量的会徽纪念章，并获得了成功。

五运会会徽，元素丰富不杂乱

第五届全运会1983年9月18日至10月1日在上海举行。会徽首次运用中西文结合的表现手法，图案立意新颖，横置的跑道，加上与之垂直的五星红旗，形成“中”字，象征建设有中国特色的社会主义。第五届的届数改用罗马数字“V”，又是国际公认的“胜利”代号。在历届全运会会徽中，这枚会徽内涵丰富、设计精巧别致而效果典雅大气，是笔者特别喜爱的一枚。

六运会会徽

第六届全运会1987年11月20日至12月5日在广东举行。会徽中的跑道抽象地表达出“羊”的意蕴，表示全运会在羊城（广州）举行。第七届全运会1993年9月4日至9月15日举行，北京承办，四川、秦皇岛协办。会徽图案是一把燃烧的火炬。第八届全运会1997年10月12日至10月24日在上海举行。会徽图案由代表八运会的“8”和代表上海的汉语拼音字母“S”重新组合。第九届全运会2001年11月11日至11月25日在广东举行。会徽造型洒脱地勾勒出一个“9”字。

九运会会徽

十一运会会徽

第十届全运会2005年10月12日至23日在江苏举行。会徽图案由数字“10”变化而来，又是一个S的变形，S是英文sports（体育）的首字母，也是江苏省简称“苏”的拼音首字母。第十一届全运会2009年10月16日至28日在山东举行。会徽整体结构创意来源于小篆“华”字。造型语言借鉴中国传统吉祥饰物“四喜人”的手法，巧妙地完成了11个运动人形的组合，在点明全运会届数的同时还具有吉祥美好的象征意义。会徽整体图形创意还融合了中国传统纹样“同心结”的概念，寓意此次全运会是一次“团结、和谐、圆满”的体育盛会。第十二届全运会2013年8月31日至9月12日在辽宁举行。会徽以变体行书“辽”字体现地域特征。

从第一枚全运会会徽诞生迄今已有六十余年。全运会会徽的设计风格，也随着时代变化。从早期以红旗、跑道、火炬和具象阿拉伯数字为典型要素，逐渐演变为抽象线条和图案拼接、具有一定特殊象征意义的数字组合，再到最近几届以运动人物元素为主要造型的会徽样式。前三届的会徽由于没有公开发售，仅发放给工作人员、嘉宾、教练员和运动员，在收藏市场上颇难寻觅，品相上佳者尤为稀少。将历届全运会会徽搜集齐全，确实不是一件容易的事。

第十三届全运会于 2017 年 8 月 27 日至 9 月 8 日在天津举行。会徽由书法字“津”“13”“张开双臂的人形”“海河”等元素构成，呈“火炬”造型，取名为“奔向未来”。会徽采用流行的蝴蝶扣固定方式，选材优良、易于保存且展示性强。让我们在参与第十三届全运会各项精彩活动的同时，也珍存一枚它的会徽，迈着“全运惠民，健康中国”的脚步，奔向未来。

天津举办的第十三届全运会会徽

故纸丰富的《天津日报》

走过七十余年的《天津日报》，历史悠久，文化厚重，记载其历史的相关故纸也十分丰富，这在全国同类报纸中显得非常突出。

天津是我国最早出现近代新闻业的城市之一。19世纪80年代开始，一批有影响力的中外文报纸如《时报》《京津泰晤士报》《国闻报》相继创刊。天津开埠特别是洋务运动后，信息传播与印刷技术迅速革新，为新闻传播提供了有力保障。同时由于天津的特殊地位，中西思潮在此碰撞，外来势力宣扬主张，爱国民主人士呼吁救国存亡，中国共产党领导革命斗争，工商业机构传递贸易信息等，都加速了新闻业的壮大，天津很快成为北方新闻宣传重地。百年来，天津出现了《大公报》《益世报》等重要报纸，严复、梁启超、张季鸾、胡政之、范长江等著名报人。繁盛的天津报业，给这座干事创业的城市留下丰富的文化遗存。

《天津日报》于1949年1月17日创刊，至今已有七十余载。《天津日报》始终积极引导新闻舆论，围绕城市工商业建设和经济社会发展进行全方位报道，贴近各年龄段和各行各业人民生活，是广大读者的良师益友。同时根据时代需要，在内容形式等方

天津日報
中共中央毛澤東主席發表關於時局聲明
解放天津全殲守敵
活捉匪警備司令陳長捷
天津人民當前的任務
—代發刊詞—
與人民約法八章
天津市軍事管制委員會成立
天津市政府正式成立
中國人民銀行天津分行成立

创刊号

面不断推陈出新，创下中国报业史上多个“第一”，在天津乃至全国新闻发展历程中，占有十分重要的位置。七十多年来，《天津日报》发行的各种印刷品，成为解读报纸本身乃至了解整座城市历史的重要依据。

报纸是新闻传播、文化交流的平台，集报是收藏，也是对历史的记录。集报，一方面重点收藏大型会议、突发事件当日报纸，另一方面围绕报社和报纸本身发展变化，收藏创刊号、号外版以及纪念性事件当日报纸。如《天津日报》1999年10月2日出版的国庆50周年庆典版面，创下了全国报业反映国庆五十周年庆典新闻版数之最。

谈到《天津日报》的社址变化，文献资料和回忆类文章中，最常提及鞍山道54号，但这之前的社址并不容易查到，这些内容可通过报纸出版信息获取一二。在创刊号上，报头下方印有社址为罗斯福路373号，现和平路与丹东路交口东南侧。此处原为《天津民国日报》社址，后由《天津日报》接管使用。时隔不久，社址迁至多伦道272号，并在社址下方印有经理部在罗斯福路205号，后取消了经理部一栏。由此可知在鞍山道54号社址之前，至少还存在过两处正式社址。

《天津日报》报头曾两次由毛泽东题写。天津大学校名中“天津”二字，即采用首次题字拼缀而成。1964年10月1日，《天津日报》首次使用毛泽东第二次题写的报头。这对地方报纸而言，意义非凡。更为重要的是，毛泽东题写的“天津”二字，逐渐成为代表天津的文化符号，在本市的各大单位、重要基础设施名称上有所体现。

在头版版式设计上，初期行文遵循竖排右书习惯，报头及出版信息置于顶部中间。20世纪50年代后期开始，与当今版式趋于一致。一些日期的头版，为烘托某主题或刊登大幅照片，有将报头置于顶部右侧、底部右侧和底部中间的情况。除黑白外，版色也常根据头版主题设置为套红等方式。这些报纸对集报者同样具有较高的收藏价值。

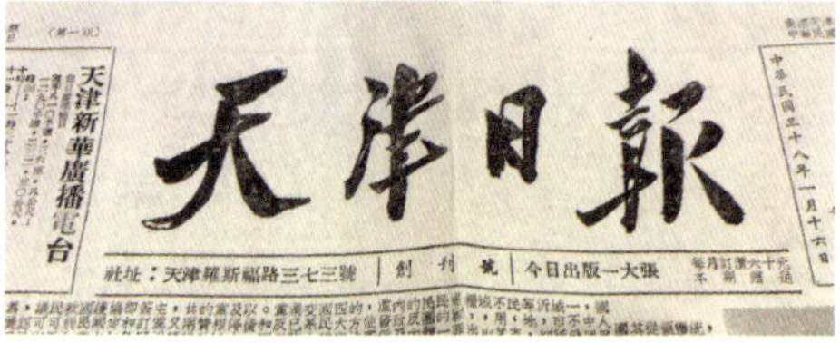

创刊号报头，可见社址

在票证收藏市场上，《天津日报》相关票证多集中于创刊初期。如一张本市订阅报费收据，票券上边缘有撕取痕迹，而下方裁剪平整，可知整票

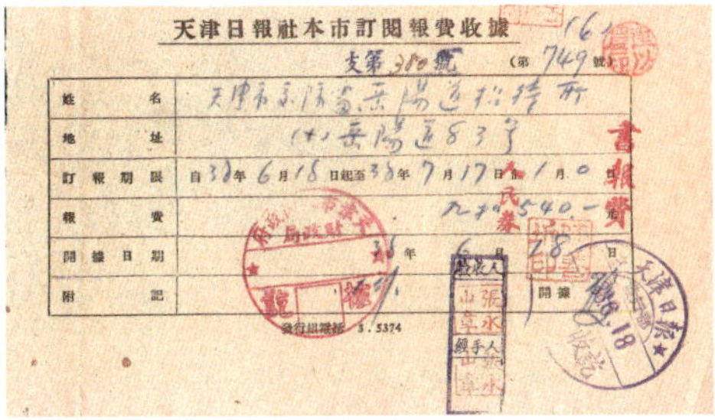
天津日報社本市訂閱報費收據

姓名	
地址	
訂報期限	
報費	
開始日期	
附記	

天津日报社本市订阅报费收据

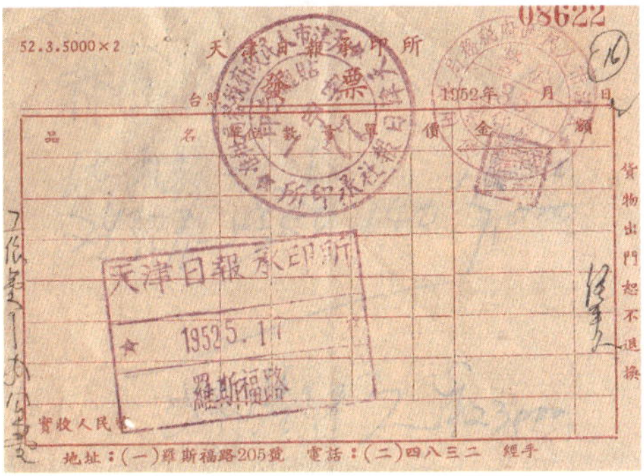
天津日報承印所

地址：(一)羅斯福路205號 電話：(二)四八三二 經手

天津日报承印所发票

应分上下部分，此票为顾客留存联。根据票面信息显示，订阅者为天津市交际处岳阳道招待所。天津市交际处为当时天津市政府下设部门。地址栏为岳阳道83号，前有“（十）”的标记，代表当时此处在第十区内。订阅期限为民国三十八年（1949）6月18日起一个月，右侧加盖“书报费”和“人民券”印章。人民券是中国人民银行券的简称之一，相对于人民票、人民钞等名称，人民券有一定的书面色彩，当时多用于公文、报刊和票据结算中。票据下方盖有《天津日报》发行部的收款时间戳和天津市人民政府财政局的核讫章。此类订报收据另有天津邮政管理局发行的多种版式，不再加盖《天津日报》公章，但仍保留李克简、杨明辅等《天津日报》早期负责人的印鉴。早期的订报收据内容丰富、信息详尽、规制严谨，对历史考证有一定的参考意义。

此外，作为承印机构，早期《天津日报》承印所发票、发单同样值得研究。在创刊号第四版版尾，有承印所的简介，上方印明“书志表册 · 账簿传单 · 信笺名片 · 印刷美观 · 取费低廉 · 交件迅速”，后注地址和电话信息。收藏市场可见民国三十八年（1949）8月30日发票一种，绿色印刷，票幅较大，印件名称一栏书写有铅笔、钢笔尖、书钉、黑墨等，可见承印所当时同样经营文具一类。左上方粘贴中华民国印花税票，上加印“华北税务总局暂作贰圆”的改值说明。票尾盖“天津日报承印所营业部”业务章，章内刻有地址为罗斯福路254

天津日報承印所承印
書誌表冊 帳簿傳單 信箋名片 印刷美觀 取費低廉 交件迅速

创刊号第四版报底，承印所广告

号，而创刊号上显示承印所地址为万全道178号。或为搬迁，或为不同办公地点，有待考证。

2005年，国家邮政局发行了天津日报报业集团成立三周年纪念邮资明信片。全套为三十张，附带红色硬质包装。明信片用照片的形式，记录了《天津日报》发展各个历史阶段的珍贵瞬间和精彩报道，如铅字时代排字车间、世界首张玻璃报纸、雕刻“天津日报”的距今10.5亿年以上的叠层石、“全明星之夜”中澳篮球对抗赛等。每张明信片左侧连有副片，上有三周年纪念标志和说明文字，后附天津日报大厦图案的60分邮资，具有较高的欣赏和收藏价值。

天津日报社大厦夜景纪念明信片

天津日报社大厦一层玻璃报纸纪念明信片

还应该提及的是，天津日报社新闻研究室编写的《新闻史料》，这本内部刊物从1982年至今已出版四十余辑。其中刊登众多关于新闻传播史、新闻理论研究等名家名篇。倘若能将此套文献搜集完整，公开出版，会是对这座城市百年报业回顾、研究和发展的锦上添花。

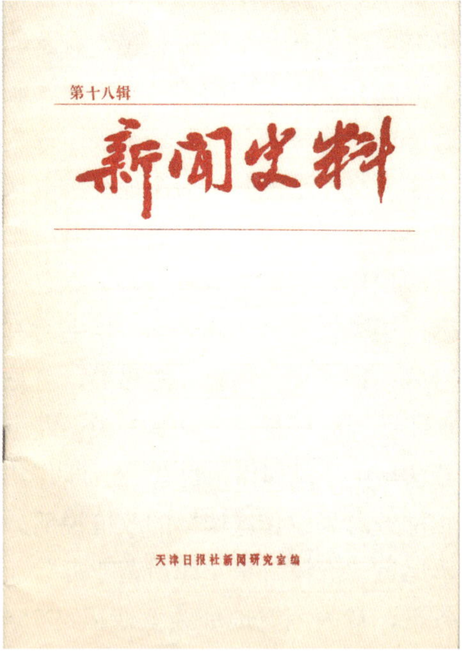

新闻研究室编辑的《新闻史料》

校徽上的百年南开

2019年是南开大学建校一百周年。南开大学由著名教育家严修、张伯苓创办，秉承教育救国理念，开创中国民办高等教育先河，是中国近代教育史上重要的里程碑。作为中国知名高等学府，南开大学培养了以周恩来、陈省身、吴大猷、曹禺为代表的一大批优秀人才，为民族振兴和国家富强作出了重要贡献。

2018年，在建校一百周年倒计时一周年启动仪式上，南开大学发布了百年校庆标志。标志由三部分组成，分别是阿拉伯数字“100”、百年纪年和三重八角星形组合。其中两个数字“0”中分别嵌入了校徽中“南”“开”的篆体字样，寓意百年南开，继往开来。三重嵌套的八角星形，代表新时代南开人同心同德，砥砺前行。作为重要的校庆元素，百年校庆标志通过不同变化，被广泛用于纪念章等纪念品的设计中。

徽章，又称别章，指佩戴式的纹章或标志，用来表示佩戴者的身份、地位、所属组织或荣誉，等等。徽章一般由图案和文字组成，校徽是最常见的徽章之一。欧美等地区的高校一般有圆徽、盾徽和标志三种校徽，适用于不同场合或校园文化中。校徽是学校重要的具象表达和实物代表。校徽不仅让佩戴者产生强烈的自豪感和归属感，其本身精美的设计和丰富的内涵，也体现出学校的特色。

我国高校校徽以圆形为主，颜色多为蓝色、红色、绿色。从设计语言上看，常见有篆书等书法字体的形变类，如北京大学、复旦大学、天津大学；校名拼音或英文字母缩写类，如北京师范大学、北京工业大学；教学主楼或标志性建筑类，如武汉大学、中山大学、兰州大学；山水类，如山东大学，东北大学；专业学科元素类，如航空航天类高校的飞机图案、农业类高校的麦穗图案、地质矿业类高校的地球图案，等等。

伴随时代发展，南开大学校徽的形制也在不断变化。建校初期，南开大学使用盾形校徽（复制品），中心为斜向线条分隔，印有校名和“NANKAI”字样。后使用倒三角形校徽，中心有八角星形图案和校名。此种校徽为白、紫双色，目前发现有白为主色和紫为主色两种配色。南开大学与北京大学、清华大学合并为西南联合大学期间，使用联大校徽（复制品）。联大校徽亦为倒三角形，以紫为主色，辅以白、黑二色，内部有三等分线，代表联大由三所学校组成。三角形的稳定特质和锐利边角，也与“刚毅坚卓”的校训相呼应。另有一枚圆形紫色校徽，内有白色八角星和“南开”繁体字样，根据材质和工艺推断，应为复校后所用。

联大时期使用的校徽
（复制品）

中华人民共和国成立后，南开大学发行了矩形证章校徽，单色背景，印有毛泽东为南开大学的题字。此种证章校徽，早期文字多为红色，背景色根据不同身份有所区分，有白、蓝、黄、绿等不同颜色。现行版本为本科生用白底紫字，研究生用紫底白字，教师用紫底银字。圆形校徽内套八角星形，除校名外，下方文字为“TIANJIN”，代表南开大学诞生并坐落于天津。2004 年，为纪念南开系列学校百年校庆，校徽变更为现有款式。与前版相比，现有款式下方文字为“1919”，即建校年份。八角形是校徽的原始形态，也是核心形态。八个角皆为直角，体现方方正正做人之意；八个方向，代表胸怀博大。

本科生、研究生证章校徽

校徽还在许多场合发挥重要意义。1980 年，南开大学聘请世界著名数学家、美国科学院院士、伯克利加州大学教授陈省身为名誉教授。2010 年，聘请美国数学会会长、美国科学院院士、宾夕法尼亚州立大学乔治 · 安德鲁斯教授为南开大学名誉教授。2012 年，日本前首相福田康夫受聘为客座教授。在受聘仪式上，校方均为他们佩戴了南开大学校徽。

建校初期使用的校徽
（复制品）

2019年南开新版研究生录取通知书，以南开校色“青莲紫”为前景主色，设计思路围绕“百年校史、继往开来”展开。正面描绘了主楼、校徽、校训、荷花、浪花等象征百年南开不同侧面的意象。背面以烫银工艺表现南开大学校徽，使背面呈现简约大方的艺术风格，与正面的细腻柔和构成审美的张力。

建校百年专属徽章

现行校徽，下方1919为建校年份

早期校徽（复制品）

2004年之前的校徽样式

明信片上的天津风景

明信片，是一种多以硬纸卡片为载体、不使用封函邮寄的邮品。“明信”意为文字内容公开，这也是它区别于普通信件的最大特点。明信片可由个人和企业自行印制，而邮政部门印行的称为邮政明信片。明信片历史可追溯至19世纪。通常认为，明信片于1869年由奥地利正式使用，并在德国、美国等地发展起来。也有学者发现1840年明信片就已在英国出现。明信片推出后，因其使用便捷、邮费便宜，很快成为最受欢迎的通讯方式之一。1897年，大清邮政蟠龙图邮资明信片第一版发行，这是我国发行的第一套邮资明信片。尔后多次改版并遵守《万国邮政公约》，至四版时已趋于成熟，此后邮资明信片，基本沿用此设计。

天津开埠后，现代科技和市政设施最先传入，加速了城市化进程。1878年，天津海关书信馆成立，开始收寄中外邮件，这是我国最早的近代邮政机构，天津成为中国邮政的发祥地。中西合璧、古今交融的城市景观，都可在图像中生动呈现，配合先进的照相和印制手段，风景明信片自然成为亲朋联络的最佳邮品。种种原因，使得与天津相关的明信片无论是年代和种类上都领先于全国。更为重要的是，从考证角度看，风景明信片可以提供具体而客观的历史信息，尤其对于风云变幻、跌宕起伏的近代天津而言，是城市发展和历史事件细节与真相的有力佐证。

明信片被认为是继邮票和钱币后的第三大收藏品。基于可自行印制的特性，与集邮相比，年代久远的明信片在鉴定方面更为复杂。邮戳时间可以明确明信片的最晚年份，除印刷工艺、纸张选用、书写规范外，图片中的街景、人物的服饰和物品都可成为断定年代的依据。运用这些要素，需要深厚的历史文化知识储备和细致的观察能力。19世纪中后期开始，天津

天津风韵明信片，背景为天津劝业场夜景

解放北路凯悦饭店明信片

胶片效果的津湾广场夜景明信片

的多国租界、各大照相馆发行了大量的风景明信片。一些资深收藏家集结成书的早期风景片可达千枚。数量虽巨，但在现今收藏市场上难觅一二，单枚价格多在百元以上，且赝品层出不穷，品相尚佳的更加稀少，收藏难度较大。

中华人民共和国成立后，明信片印行更加规范成熟，使用和收藏的群体也不断扩展。明信片依据不同特点，分类方法也颇为丰富。除按年代划分，明信片可分为邮资、免资、贴票、空白等，也可分为普通、纪念、特种、贺年、风光、美术、个性化等，还可根据形式分为普通、极限、原地、加盖、有奖、门票、校园、广告、航空等。据收藏家杨泽锦先生估计，从这时期开始出现的天津风景明信片，至今已有百余种。如1961年天津风景套片，封套背景为海河岸边，角度大体为从原大陆银行仓库门前向百货大楼方向远眺，套内包含劝业场、解放桥、第二工人文化宫、北宁公园等地。其中一枚为人民体育馆，该楼于1955年建成，馆内设施齐备，许多大型活动和会议在此召开。图画选取侧仰角度，蓝天白云下，绿树环绕建筑，亲切自然。背面标注中、俄、英三种文字，

1961年发行的天津风景套片

使此片国际化色彩更浓。总结起来，天津风景片多围绕楼、河、路和文化单位为主题展开。楼围绕历史风貌建筑，河以海河及桥梁为线索，路以中环线、解放北路为代表，文化单位包括大学、博物馆、公园等。今年发行的“美丽天津 · 海河流霞”风光片，全套以海河为脉络，串起沿岸各类景观，其中一枚名为天津之眼，由近处象征天津城市起源的三岔河口和远方体现天津国际化大都市风采的摩天轮构成。画面以无人机的独特视角和超

三岔河口及天津之眼明信片

海河风光图，可见解放桥、广场桥和中心广场

高清拍摄模式，借晚霞和灯光点缀，展现出极具摩登效果的视觉观感，凸显天津传统与时尚融汇的独特魅力。

在电子通讯发达的今天，明信片的热度依然不减。收藏爱好者遍布全球，他们组建明信片俱乐部并定期举办收藏展。而网络上的明信片互换小组、专业网站，更使全世界的收藏爱好者聚合在一起。与朋友分享自己的设计，将津味文化带到异国他乡，这小小的纸片，承载的是一份份美好的心意表达和珍贵的历史留存。

从电视剧《归鸿》说到首航封

2019 年是中华人民共和国成立 70 周年，也是“两航”起义 70 周年。国内首部航空谍战电视剧《归鸿》适时热播，该剧正是由“两航”起义史事改编而成。1949 年 11 月 9 日，在中国共产党领导下，原中国航空公司总经理刘敬宜和中央航空公司总经理陈卓林，率领数千名员工举行起义，从香港驾驶飞机飞回大陆，其中 11 架降落在天津，另一架飞抵北京。11 月 12 日，毛泽东、周恩来分别电贺、函贺“两航”起义。

“两航”起义的爱国壮举，在解放战争史和民航史上具有重要意义。起义归来的技术业务人员，成为民航事业的骨干力量，北飞飞机和后期修复的十余架大陆遗留飞机，构成中华人民共和国成立后民航发展初期的主力机群。1989 年，为纪念“两航”起义 40 周年，首套纪念封由民航和邮政部门联合发行印制。纪念封三枚一套，正面有为“两航”主题设计的各类标志和图案，特别是造型生动的圆形纪念章，中间好似一架飞机迎面驶来，上下方分别有“天津”和“40”字样。左侧印有起义参加者、原中国民航总局局长胡逸洲，以及著名画家范曾和集邮大家林崧的题词。

1950 年 7 月，“两航”起义北飞主机原“空中行宫”CV–240 型 XT–610 号，被命名为“北京”号，毛泽东亲题“北京”二字。8 月 1 日上午 8 点 30 分，由天津起飞的 139 号首航班机，经北京、武汉飞往重庆，10 点 30 分，“北京”号飞机由广州飞向天津。首开的天津—汉口—重庆和天津—汉口—广州两条直达线，标志着中华人民共和国成立后的国内航线正式开

天津—深圳首航纪念

天津—吉林首航纪念

通，史称“八一开航”。“八一开航”加强了各地区间的经贸往来，翻开了中国民航事业新篇章。

近代天津作为我国北方最大的工商业城市，也是最早兴办民航的城市之一。1920 年，北洋政府筹办航空事宜处首先开辟京沪航线中的京津航段。5 月 7 日上午，由外籍飞行员驾驶的英制飞机，搭载英国驻京公使艾斯敦及交通部代表等多名乘客，从北京南苑机场起飞，于一小时后抵达天津佟楼赛马场。当晚飞机返回北京。这条京津航段，成为我国最早的民航线。

佟楼赛马场是天津最早用于起降飞机的场地，后曾改建为跑马厅机场运送军用物资。据史料记载，天津最早的正式机场是东局子机场，1924 年由奉军空军航空队修建。1933 年，中国航空公司北平与上海间航班开通，在此机场经停。张贵庄机场始建于 1939 年，1949 年中央军委民航局接管张贵庄机场。中华人民共和国成立后的第一条国内民用航线、第一个航空公司、第一个电讯修配厂、第一所民航高等院校都在这里诞生。1995 年，天津张贵庄机场被宣布为国际机场，同年更名为天津滨海国际机场。

改革开放后，民航业市场化程度不断提高，天津民航部门开通了多条天津通向全国各地的航线，丰富了人们的出行选择。这些信息被记录在了首航封中。首航封即在新线开航当日，由航线一端邮局交寄，随首趟航班到达另一端邮局并加盖日戳的信封。我国最早的首航封即由上文提及的 1920 年 5 月 7 日京津航段运送。著名集邮家姜治方曾收藏有当日京津间的首航封和回航封，后成为中国邮政邮票博

天津—哈尔滨首航纪念

物馆的重要馆藏。

首航封可自行制作，也有邮政部门发行，并特制纪念邮戳的首航纪念封。1984 年 7 月 18 日，天津开辟直达西安的旅游航线。为此天津市邮票公司、天津市民航局和中国民航学院邮协联合发行了首航纪念封。正面左右两侧分别设计有天津百货大楼和西安大雁塔图案，主题鲜明，背面标注此封为我国第一枚首航纪念封。此后，天津市民航局和中国国际航空公司天津分公司开辟至成都、福州、汕头等地航线时，均发行了首航纪念封。首航封因制作要求高，存世量低，故而收藏难度大。此外早期民航普及程度不高，参考文献有限，首航封兼具航空和邮政双重性质，时间、地点等信息明确，有丰富的史料价值。如今的天津机场，已拥有 198 条航线，与国内外 142 个城市通航。未来天津机场还将建设 T3 航站楼，并发展成为区域枢纽机场和国际航空物流中心，支持天津经济社会发展。

天津—西安首航纪念

后 记

在我的收藏中，有一本蓝色的邮票册，它是我在小学时整理的。由于父亲的工作性质，经常要接触大量信件，信封上的一枚枚使用过的邮票引起了我的注意，它们不仅五颜六色，而且尺寸和面值也不统一。正巧赶上寒假，我跑到文具店购买了收藏册和衬页，将邮票剪下来整理在一起，并分成了风景名胜、知名人物等多个品类。邮票上的内容，让我第一次知道方寸之间的小纸片，也可以如此精彩。此后一有空闲，我就翻开邮票册，在欣赏图案的同时，查阅邮票背后的故事。现在回想起来，许多印象深刻的人文知识，都是在那时慢慢积累的。

上大学后，乘坐公交车的机会多了起来，每次上车后我发现投币箱上的车票样式并不统一，除现行车票外，有的线路还在使用有人售票时期的老票。这种车票带有表格，依票价不同，颜色有所区别。后来每次乘车都会撕取一张车票，放在交通卡袋中。久而久之，我集存了十几种，车票设计简单，但面值很多，料想全部集齐并不容易。同时，我留意媒体上有一些关于收藏老车票的新闻，便在周末前往古文化街收藏交易市场，想看看能不能有一些收获。在一对老夫妇藏家的收藏册中，我翻到了几张 20 世纪 50 年代带有地图的天津电车票，车票虽然年代久远，但印刷清晰，电车线路和站名清晰可见。我把它们购买下来，也正式踏上了收藏之旅。

票证是天津的真实反映，也是感知城市岁月流淌的宁静载体。天津是近代最先接受西方文化的城市之一，见证了中国百年沧桑，许多现代科技和先进设施从这里开始普及全国，众多历史名人在这里留下精彩故事，各式风格建筑在这里交相辉映。我们可以在读史的同时，透过票证的文字图案、设计风格、印刷工艺、纸张材质去感知细节，还原更为立体的面貌，体会天津“南北交融、中西荟萃”的文化底蕴。

感谢我身边的藏家朋友们。一人之力毕竟有限，也会遇到一些困扰和疑问。许多收藏前辈不仅提携有加，拿出自己多年搜集的资料让我参考研究，还将富裕的藏品慷慨相赠。年轻的藏友也毫不吝啬分享他们的笔记，厚厚的本子上记录着每条公交车上使用何种面值的车票……

感谢天津社会科学院出版社的张博先生、韩鹏先生，他们对我的收藏研究支持、鼓励，并对本书的出版耗费了大量精力。收藏是一条漫长而有趣的路，不可能一蹴而就。有时会因为错过某件藏品而遗憾，有时会因为册页明明放在某处却找不到而着急，有时会因为无意中碰到一张故纸而欣喜，有时会因为天津的票证受到外地藏家的赞许而自豪。

文章在撰写中，力求信息准确权威。受学识水平所限，书中出现纰漏在所难免，恳请各位读者批评指正。

作者

2020年3月18日于天津